Wer nimmt Oma?

Bibliographische Information der Deutschen Bibliothek
Die Deutsche Bibliothek verzeichnet diese Publikation in der Deutschen Nationalbibliographie; detaillierte bibliographische Daten sind im Internet über <http://dnb.ddb.de> abrufbar.

978-3-8319-0133-3

8. Auflage 2007

Text:
Hans Scheibner, Hamburg
Illustrationen:
Heidrun Boddin, Hamburg
Gestaltung:
Büro Brückner + Partner, Bremen
Gesamtherstellung:
DZA Druckerei zu Altenburg GmbH, Altenburg

Hans Scheibner

Wer nimmt Oma?

Weihnachtssatiren

Mit Illustrationen von
Heidrun Boddin

Ellert & Richter Verlag

Inhalt

Vorwort

Ach, ja – Weihnachten, welch ein Wunder. Vor über zweitausend Jahren brachte eine Jungfrau – ja, eine Jungfrau – unter ärmlichsten Verhältnissen ein Kindlein zur Welt.

Nicht auf der Entbindungsstation, auch nicht mit ambulanter Hilfe einer Hebamme, sondern ganz allein im Stall. Sie hatte kein Kinderbettchen, keine Wiege, sondern mußte eine Futterkrippe fürs Vieh benutzen. Windeln hatte sie auch keine, von Pampers ganz zu schweigen. Um die Geburt des Kindes zu feiern, kamen keine Verwandten mit Glückwünschen und Paketen, nein, es erschienen nur ein paar bettelarme Hirten und gratulierten. Außerdem standen ein noch nicht auf BSE geprüfter Ochse mit herum und ein Esel, von dem weiter nichts bekannt ist. Und dann kam der Hammer – es wurde verkündet: Dieses Kind von Eltern aus der untersten sozialen Schicht, dieses Kind ist der Sohn des lieben Gottes.

O, Wahnsinn!

Die Nachricht schlug bei der abendländischen Menschheit natürlich wie eine Bombe ein. Sofort schämten sich alle reichen Menschen für ihren Reichtum, verbrannten ihre Wertpapiere oder verstreuten sie unter die übrige Menschheit. Denn wenn der Sohn Gottes so bettelarm und nicht mal mit dem Nötigsten versorgt auf die Erde kam, dann konnte man doch nicht als einfacher sterblicher Mensch noch irgendwelchen Besitz nur für sich alleine anhäufen.

Alle erkannten sofort: Diese Begebenheit ist so wichtig, einmalig und groß, daß aller menschlicher Ehrgeiz, alles Machtstreben, alle Eifersucht, aller Haß, aller Neid nichts mehr bedeuten konnten. Ab sofort lebten alle Menschen in Frieden und Eintracht, alle hatten ihr Auskommen und liebten einander, denn alle waren einfach erschüttert und begeistert von diesem gewaltigen Ereignis.

Na ja – und so ist es dann bis heute geblieben. Und darum feiern wir Weihnachten jedes Jahr ganz schlicht und einfach. Ärmlich aber von Herzen.

Mit ganz wenigen Ausnahmen.

Oder?

Hans Scheibner

Schrecklich gemütliche Weihnachten

Kennst du das Land, wo zur Heiligen Nacht
meistens ausbricht der größte Familienkrach?
Ja, kennst du das Land, wo bei Kerzenlicht
Heiligabend das ganz große Fressen ausbricht?
Wenn der Magen auch streikt, doch der Karpfen
paßt rein.
Deutsche Weihnachten kann so gemütlich sein.

Kennst du das Land, wo man sich vor dem Fest
völlig fertig macht, nervlich kaputt und gestreßt?
Geschenke einkaufen, der Herzinfarkt droht,
im Einkaufszentrum drückt man sich halbtot,
und zu Haus wickelt Mutter alles noch dreimal ein:
Deutsche Weihnachten kann so gemütlich sein.

Ja, Heiligabend in Deutschland, o ja,
nur Friede auf Erden und Liebe gibt's da.
Der Vater betrügt seine Frau, das ist klar,
mit der Praktikantin das ganze Jahr –
aber Weihnachten bleibt er natürlich daheim:
Deutsche Weihnachten kann so gemütlich sein.

Und erst für die Kinder. Wie ist es doch schön,
sie Weihnachten alle so strahlen zu sehn.
Sonst schlägt sie der Vater ja oft grün und blau,
(erst schlägt er die Kinder und dann seine Frau).
Aber Weihnachten läßt er das einfach mal sein.
Deutsche Weihnachten kann so gemütlich sein.

Jeder wickelt sich seine Geschenke aus,
das Packpapier quillt bis ins Treppenhaus.
Die Großmutter mault und die Ehefrau flennt –,
wenn der Weihnachtsbaum irgendwann
lichterloh brennt.
Das ganze Haus steht hell im Lichterschein
Deutsche Weihnachten kann so gemütlich sein.

Wer nimmt Oma diesmal?

Ende November hatte Frau Katharina Beerbaum, 78 Jahre alt, ein interessantes Erlebnis. Es läutete – und vor der Tür stand ihre 75 Jahre alte Nachbarin aus dem dritten Stock, Frau Mathilde Maltzahn. Bis zu diesem Tage waren die beiden alten Damen einfach nur gute Nachbarinnen gewesen, weiter nichts. Wie das so läuft: man begegnete sich mal im Treppenhaus, hielt sich die Tür auf, schimpfte gemeinsam übers Wetter – aber sonst wußte man kaum etwas voneinander. Und nun dies: Frau Mathilde Maltzahn machte Frau Katharina Beerbaum ein Angebot. Das Angebot nämlich, mit ihr zusammen das Weihnachtsfest auf Mallorca zu verbringen.

„Ich habe eine Wohnung auf Mallorca geerbt", erzählte die Maltzahn mit geröteten Wangen. „Von meinem verstorbenen Schwager. Ich möchte so gern dorthin – aber ich habe niemanden, der mich nach Mallorca begleiten könnte. Sie wissen ja, daß mein Mann schon vor fünf Jahren gestorben ist.

Meine Kinder haben kein Interesse – und ich weiß einfach niemanden. Und weil Sie und ich uns immer so nett guten Tag sagen, habe ich gedacht: Fragen kannst du ja mal. Hätten Sie Lust – ich lade Sie ein, Frau Beerbaum." – Katharina Beerbaum schluckte erst mal, wußte gar nicht, was sie sagen sollte. Das war ja nun wirklich sehr, sehr nett von ihrer Nachbarin gedacht. Und dann auch: Mallorca, davon hatte sie eigentlich lange schon mal geträumt. Aber Weihnachten – nein, nein, das war doch unmöglich. Da mußte sie doch unbedingt zu einem von ihren

Kindern. Denn das wäre doch geradezu eine Kränkung, wenn sie die einfach Heiligabend allein lassen würde!

Obwohl – so dachte sie heimlich bei sich – obwohl es ja letztes Jahr doch eigentlich sehr ungemütlich gewesen war bei Jessica und Manfred. Da hatte sie manchmal das Gefühl gehabt, immer irgendwie im Wege zu sein.

Die hatten ja nicht mal geregelte Zeiten für die Mahlzeiten. Mittag aßen sie nachmittags um vier, Kaffeetrinken gab's überhaupt nicht – und dann war sie auch noch mitleidig belächelt worden, weil sie so gerne im Fernsehen den Sissy-Film sehen wollte (also diesmal Sissy als Kaiserin). Außerdem: Jessica und ihr Sohn Klaus hatten bis heute noch nicht angerufen, um sie zu Weihnachten einzuladen. Trotzdem – sie mußte vernünftig sein. „Ich bin ganz gerührt von Ihrem Angebot, Frau Maltzahn", sagte sie, „aber das kann ich meinen Kindern einfach nicht antun. Die wären mir für ewig böse. Ohne daß wir unterm Tannenbaum zusammen sind, können die sich Heiligabend gar nicht vorstellen."

Jetzt aber, ganz genau um diese Zeit, spielte sich folgender Dialog zwischen Frau Beerbaums Sohn Klaus, selbständiger Speiseöl-Importeur, und dessen Frau Inge ab: „Läßt sich da noch irgendwas bewerkstelligen mit meiner Mutter dieses Weihnachten?" – „Was heißt denn bewerkstelligen? Wir müssen sie nehmen. Da führt kein Weg dran vorbei. Deine Haß-Schwester Jessica hat sich voriges Weihnachten geopfert, wie sie wieder mal so richtig vorwurfsvoll gesagt hat. Diesmal sind wir dran."

„Ja, ja, ich weiß – aber wo lassen wir die Alte denn am ersten Weihnachtstag? Wir können sie doch nicht bei uns mit am Tisch haben, wenn Hegemanns kommen. Meine Mutter ist doch schon völlig vergreist. Du weißt, wie wichtig Hegemanns für unsere Zukunft sind." – „Sie ist nicht *meine* Mutter, Klaus. Du kannst ja ganz lieb sein und deine geliebte Schwester fragen." – „Jessica? Eher beiß ich mir die Zunge ab. Ich werde einfach Mutter fragen, ob sie nicht dieses Weihnachten noch einmal zu Jessica will. Laß mich mal machen."

Viel kürzer und fröhlicher war das Gespräch, das in eben diesen ersten Novembertagen zwischen Jessica und ihrem Mann Manfred stattfand: „Was ist mit Weihnachten, Jessi?" Die Frage kam bedeutungsvoll, aber mit drohendem Unterton von Manfred. „Was soll sein, Schatz?" Jessica sortierte gerade die Kleider im Kleiderschrank. „Dies Jahr haben wir omafrei. Klaus muß sie nehmen."

„Ich kann mein Glück kaum fassen. Das kann ja ein richtig harmonisches Weihnachten werden."

Inzwischen spukte Frau Katharina Beerbaum Mallorca im Kopf herum. Mallorca! Eigentlich war es gar nicht so sehr die Aussicht auf ein paar Tage in wärmeren Gefilden. Nein – aber daß ein eigentlich doch wildfremder Mensch plötzlich auf den Gedanken gekommen war, sie einzuladen, das war doch irgendwie ein schönes Gefühl – und so ganz ungewohnt. Wie lange hatte sie so etwas schon nicht mehr erlebt.

Dann aber war doch der Anruf von Klaus gekommen. Ihr Herz schlug ja immer noch höher, wenn sie die Stimme ihres erstgeborenen Sohnes hörte. Er hatte es schließlich zu etwas gebracht. Sein eigenes Haus am Stadtrand – jedesmal verschlug es Frau Beerbaum fast die Sprache, wenn sie ihn mal besuchen kam. Und auch wenn Kai-Uwe, ihr verstorbener Mann, bis zuletzt immer gesagt hatte: er denkt an nichts anderes als an sein Anlagen- und Bankkonto, er ist ein lebendig toter Finanzmensch – sie war trotzdem stolz auf ihn.

Also Klaus hatte angerufen und gesagt:

„Ich wollte nur mal fragen – wegen Weihnachten, Mutter, äh ...“ – „Ja, ja“, sagte Frau Beerbaum, „das ist nett, daß du anrufst. Ich wollte dir nämlich auch etwas erzählen ...“ – „Bin ich richtig informiert, Mutter?“ fragte Klaus. „Du bist doch wieder bei Jessica, oder?“ – „Bei Jessica?“, fragte die alte Katharina überrascht. „Wie kommst du denn darauf?“ – „Ach so, ich dachte das nur. Na ja, macht ja auch nichts. Dann kommst du eben zu uns. Das kriegen wir schon hin. Wir haben zwar Gäste am ersten Weihnachtstag – aber da störst du ja nicht.“ – Irgend etwas gab Frau Beerbaum einen kleinen Stich ins Herz. Sie wußte selbst nicht, warum sie so schnell antwortete. Auf jeden Fall hörte sie sich sagen: „Ja, ja, ist klar. Ich bin diesmal wieder bei Jessica. Macht dir doch nichts aus – oder?“ – „Ach, weißt du“, sagte Klaus plötzlich ganz gelöst, „Weihnachten ohne dich ist natürlich nur halb so schön. Aber ist schon in Ordnung. Gehst du eben noch mal zu Jessica.“

Frau Beerbaum mußte sich eine Träne abwischen, als Klaus wieder aufgelegt hatte. Über Jessica machte sie sich erst gar keine Illusionen. Und als die dann anrief, kam nur das, was Frau Beerbaum schon erwartet hatte.

„Weihnachten bist du ja nun diesmal bei deinem geliebten Klaus, nicht wahr?“ – „Ja,“ sagte Frau Beerbaum, „und der freut sich schon sehr auf mich.“ – „Na schön. Du weißt, bei uns bist du immer gern gesehen.“ – „Ja, oder soll ich dann lieber diesmal doch wieder zu euch kommen, meine Jessica?“ – „Äh ja, ja, äh ... wenn du unbedingt möchtest, bist Du herzlich willkommen. Aber ehrlich gesagt: Klaus ist doch dran. Soll der sich diesmal ... ich meine: wenn er sich schon so furchtbar auf dich freut.“ – „Ist schon gut, Jessi. War ja auch nur so eine Idee von mir.“

Ziemlich bitter, diese Erkenntnis für sie. Aber sie hatte begriffen: Ich bin eine Last für meine Kinder. Und im Grunde weiß ich das ja auch schon lange.

Drei Tage brauchte Frau Katharina Beerbaum, 78, um diese Erkenntnis zu verarbeiten. Dann läutete sie bei Frau Maltzahn. „Ich bin bereit. Wenn Ihre Einladung noch steht, komme ich mit!“ – Die beiden alten Damen verputzten fast eine ganze Flasche Eierlikör auf das Ereignis: Auf nach Mallorca! Mit einer sozusagen wildfremden Frau, mit der Nachbarin Mathilde Maltzahn. Seltsam: das tat gleichzeitig weh und gut. Gut die Einsicht: alles ist besser, als den eigenen Kindern zur Last zu fallen. Geplanter Abflug nach Mallorca war am 23. Dezember vormittags.

Bis dahin passierte praktisch gar nichts mehr. Mindestens zwanzig mal hatte Katharina zwar den Hörer schon abgehoben, um erst Klaus und dann Jessica Bescheid zu geben, aber immer wieder legte sie auf. Sie hatte in jeder Beziehung Angst vor deren

Reaktion: entweder wären sie empört gewesen, daß ihre Mutter es wagen konnte, Weihnachten nicht bei einem ihrer Kinder zu verbringen – oder sie hätte wieder deren Erleichterung herausgehört – „Eine gute Idee, Oma. Tu ruhig mal was für dich selbst.“ Und also rief sie *nicht* an. Nein! – sie rief nicht an!

Und dann kam das Drama. Heiligabend, kurz nach 19 Uhr, hatte Klaus Beerbaum das Gefühl, er müsse wohl seine Mutter doch mal anrufen – sozusagen: Gewissenserleichterung. Die Kinder hatten wiederholt gefragt, ob Oma denn wenigstens am Zweiten Weihnachtstag käme. Also überwand er sich und rief seine Schwester an. Das übliche Frohe-Weihnacht-Geplänkel und dann: „Hattet ihr schon Bescherung? Kann ich Mutter mal sprechen?“ – „Mutter? Die ist doch bei euch!“ – „ Aber nein, sie hat mir gesagt, daß sie wieder bei euch ist!“ – „Ach nein! Bei uns? Hast du sie etwa ausgeladen?“ – „Quatsch, ich habe nur gesagt ... Sie ist nicht bei euch? Verdammt noch mal, wo ist sie denn? Hörst du noch? Bist du noch dran?!“ Ein Seufzen von Jessica in der Leitung. „Allein zu Hause, nehm ich an ...“

Aber zu Hause nahm niemand ab. Einen Anrufbeantworter hatte Frau Beerbaum ja sowieso nicht. Jetzt wurde es Klaus zu ungemütlich. Noch einmal rief er seine Schwester an. „Sie nimmt nicht ab. Hat sie irgend etwas gesagt, wohin sie geht ...“ – Jessica bekam einen Wutanfall: „Was hast du mit meiner Mutter gemacht?! Du Egoist, du kriegst es fertig, sie Heiligabend allein zu lassen. Geh zum Teufel. Ich fahre hin!“

Eine halbe Stunde später trafen sie im Treppenhaus ihrer Mutter zusammen. Am liebsten hätte Jessica ihren Kotzbrocken von Bruder gleich zur Schnecke gemacht – aber erst mal wurde geläutet. Natürlich vergeblich. Und dann – Jessica hatte schon immer einen Hang zur Panik – dann wurde es erst richtig dramatisch.

„Ich rieche Gas!" jammerte Jessica. „Sie hat sich umgebracht."

Um es kurz zu machen: Die Feuerwehrleute waren auch nicht so besonders begeistert: Heiligabend Einsatz. Gasgeruch Albertinenstraße 18. Die Tür wurde aufgebrochen.

Aber von Gas war nichts mehr zu riechen – gar nichts. Doch auf dem Wohnzimmertisch lag ein Prospekt:

Mallorca, die Balearen. Und daneben eine Telefon-Nummer mit spanischer Vorwahl ...

„Hallo, wer ist da?" fragte die wohlbekannte Stimme.

„Mutter, um Gottes willen, wo bist du?"

„Auf Mallorca. Paguera. Wunderschön hier. Habt ihr etwa Schnee zu Hause? Hier ist es zwanzig Grad warm, ich will gleich zur Strandterrasse, gebackene Sardinen und Rotwein von der Insel. Wir haben auch einen Weihnachtsbaum!"

„Ja, bist du denn verrückt geworden!" rief Jessica in den Hörer. „Wir sterben hier fast vor Angst, weil du nicht da bist. Bei uns nicht und bei Klaus auch nicht. Wir haben gedacht, du hast dich umgebracht!"

„Umgebracht? Warum denn? Etwa euretwegen? Nur weil ihr mich hin- und herschubsen wollt? Wer nimmt Oma diesmal? Ach, nein, meine Lieben. Das ist gar nicht so schlimm für mich. Fröhliche Weihnachten. Und feiert man schön."

Das halbe Haus war zusammengelaufen wegen der Feuerwehr. Die ließ durchblicken, daß der Spaß ganz schön teuer würde.

Aber Jessica und Klaus waren sich in einem Punkte einig:

„Die alten Leute heutzutage sind einfach rücksichtslose Egoisten. In was für einer Welt leben wir eigentlich!!“

Der Weihnachtsmann auf der Reeperbahn

Von drunt' vom Hafen komm ich her.
Ich muß euch sagen, es war ziemlich schwer,
auf St. Pauli bei leichten Mädchen und Seebär'n
den Alten mit seinem Sack aufzustöbern.
Und wie ich so schritt durch das Schneegeriesel:
bei der Großen Freiheit fand ich ihn dann
in einer polizeilich verbotenen Piesel
und stinkbesoffen – den Weihnachtsmann.

Er hing an der Theke, soff Grog und sang stolz
(und es lauschten andächtig die Gäste)
die Ballade: „O Tannen-, o Tannenholz,
wie klebrig sind deine Äste!"
Sein traditioneller, weißwallender Bart
geriet ihm des öfteren ins Grog-Glas,
wobei er nach typischer Weihnachtsmannart
leicht schräge auf seinem Bock saß.
Das war eine Stimmung! So weihnachtlich!
Zwei Striptease-Engelchen setzten sich
dem Weihnachtsmann auf die Beine
(die hatten ganz schön einen sitzen,
und da sah man die Lichtlein blitzen ...)
und schließlich weinte die eine:
„O, lieber guter Weihnachtsmann
nun fang mit der Bescherung an!"

Und da verhaute der Gute
die Weiber mit seiner Rute ...
Und dann grölten wir alle im Männerchor
das Lied vom offenen Himmelstor,
und der Weihnachtsmann rief: „Hosianna! Hepp, hepp!“
und versuchte samt Sack einen Solostep,
wobei er geschickt auf den Tischen sich tollte
und plötzlich dumpf dröhnend zu Boden rollte.
Da ertönte ringsum der fromme Appell:
„Hebe die Beine und spute dich schnell!“
Es klangen die Glocken,
es fielen die Flocken,
es qualmten die Socken,
es eilten die Stunden, acht Glasen, veer Klocken.
Ahoi! holder Knabe mit goldenen Locken,
kein Auge blieb trocken,
und den Weihnachtsmann sah man nur groggen und groggen!

Der Wirt war am Bierhahn längst eingeschlafen.
Es tuten weihnachtlich-milde vom Hafen
die Werft- und Schiffssirenen.
Aber noch immer gab einer der Engel
nicht Ruh mit dem christlichen Liebesgequengel
und flocht, um den Weihnachtsmann zu verwöhnen,
Bierdeckel in seinen Bart und Brezelgeschmeide
und sprach: „Ich verkündige dir große Freude ...“

Der Weihnachtsmann ergriff seinen Sack.
„Du Naseweise, du Schelmenpack,
du Aufgebundene bis untenhin,

du glaubst wohl nicht, daß ich der Weihnachtsmann bin?“
Und fing an zu weinen. Von einer Marie,
die eigentlich eine Jungfrau hold.
Auf dem Heiligengeistfeld – da habe sie
ihn überredet zu was er von selbst nie gewollt.
Aber Weihnachten dürfe ihn keine verführen –
und begab sich hinaus auf die Reeperbahn
(den Sack auf dem Rücken, auf allen vieren,
vermied er es klug, die Balance zu verlieren),
wobei er entsetzlich zu grölen begann:
„Die Menschen, die haben keine Frömmigkeit nicht!“
Und entschwankte zur Fähre.
Zur ersten Schicht.

Wer macht eigentlich Weihnachtsgeschenke?

Ich finde es so erfreulich, daß meine Freunde und Zeitgenossen alle so vernünftig geworden sind. Daß sie diese Konsumorgien nun endlich nicht mehr mitmachen!

„Wir machen Weihnachten überhaupt keine Geschenke“, sagte mir neulich ein junger Radioredakteur. „Wenn alle sich etwas schenken, müssen wir es nicht auch noch tun. Meine Freundin und ich lesen uns am Heiligen Abend – Sie werden lachen – aus der Bibel vor.“

Nun, der Junge ist Pastorensohn. Also dachte ich: eine Ausnahme.

Aber nein: Ich habe in den letzten Tagen überhaupt nur Menschen kennengelernt, die vernünftig sind.

„Wir kaufen keine Geschenke. Geschenke muß man selber machen. Mit Liebe“, sagen Thomas und Jutta, engagierte Naturfreunde. Sie bemalt für ihn eine Spanschachtel mit Bauernornamenten. Er strickt ihr einen Pullover.

Holger und Lilo stiften einen größeren Betrag der Welthungerhilfe. „Geschenke? Die haben andere nötiger als wir.“

Und Manfred und Inge haben kategorisch erklärt: „Geschenke bekommen nur die Kinder. Und zwar in Maßen. Die haben ja sonst gar keine Freude mehr daran.“

Herbert hat erzählt: „Wir haben uns geschworen: Jeder bekommt nur ein Stück geschenkt. Und das darf nicht mehr als 10 Euro kosten. Nicht weil wir kein Geld mehr haben. Sondern weil Weihnachten kein materialistisches Fest ist. Und für 10 Euro etwas zu finden: Da mußt du Phantasie entwickeln, mein Lieber.“

Ist das nicht schön? Überall Vernunft und Bescheidenheit. Die Menschen besinnen sich wieder auf den Sinn der Weihnacht.

Klaus und Karin sind Weihnachten sowieso in Urlaub.

Und die Schraders aus dem Club haben erzählt: „Wir haben uns dieses Jahr die Sitzgarnitur gekauft. Das ist gleichzeitig unser Weihnachtsgeschenk.“

Hildi und Helga, die beiden alternativen Freundinnen, darf man auf Weihnachten überhaupt nicht ansprechen.

„Weihnachten? Was’n das? Wo findet das statt?“

Ist das nicht positiv? Alle sind sie vernünftig geworden!

Ich versteh bloß nicht, was diese Menschenmassen in der City und in den Kaufhäusern eigentlich machen. Und was die alle in den riesigen Plastiktüten mit sich rumschleppen?

Ansprache an den Weihnachtsmann (Vera mit zehn Jahren)

Also eines muß ich mal sagen:
wie sich in den Weihnachtstagen
meine Eltern so benehmen –
irgendwie peinlich, muß man sich schämen.

Ewig zum Beispiel dieses Gelaber:
„Du willst doch Geschenke, ja – aber ...
aber dann darfst du auch nicht mehr versäumen,
dein Zimmer täglich aufzuräumen.“

Bitteschön, was soll das? Ich denke:
Handelt es sich nun um Weihnachtsgeschenke
oder um viel zu geringe Belohnung
für Aufräumarbeiten in unserer Wohnung?

Allerdings, daß sie die Sachen verstecken
an Ecken, wo wir sie sofort entdecken,
das ist ganz Ordnung, weil man ja dann
rechtzeitig mal fallen lassen kann:

„Eltern gibt's, die checken gar nichts mehr,
die verschenken noch CDs von French Affair.“
So erreicht man, daß sie rechtzeitig abrauschen,
sie gegen West life umzutauschen.

Menschenverachtend ist irgendwie auch,
mir Sachen zu schenken, die ich sowieso brauch.
Strümpfe und Socken, die sie mir, ihrem Kind,
sowieso zu kaufen verpflichtet sind.

Außerdem jedes Weihnachten wieder
Blockflöte spielen – alle Weihnachtslieder
und möglichst noch Aufsagen eines Gedichts:
Ohne Gegenleistung ist sowieso nichts.

Besonders ätzend der Besuch von Verwandten.
Anstatt, daß sie Onkels, Neffen und Tanten
angewöhnen, die Geschenke eben
vorn an der Garderobe abzugeben.

Nein, man spielt grad ein geiles Game
und soll sich aus seinem Zimmer bequem,
die Damen und Herren Verwandten anfassen
und sich von denen vollquatschen lassen.

Aber das Größte am Weihnachtsscheiß:
Heiligabend – und das finde ich echt heiß –
machen sie sich – wie sie das ausdrücken – „schön".
Und warum? O Gott! Um zur Kirche zu gehen.

Das ganze Jahr über die Kirche meckern,
um Heiligabend da hinzukleckern.
Glauben wohl, daß sich zum Weihnachtsfest
auch der Alte da oben verarschen läßt.

Na ja, so sind sie. Also lassen wir sie denn
einfach machen, die Erziehungsberechtigten.
Immer wieder Weihnachten sage ich mir:
Sie sind halt so ätzend. Sie können nichts dafür.

Grünkohl

Shakespeare hat ja einen Haufen Dramen geschrieben. Dann ist er gestorben. Aber die Welt hat seine Dramen. So ähnlich ist es mit Schiller. Rembrandt hat ein paar ganz hübsche Bilder gemalt. Nun ist er schon länger tot. Aber das ist eigentlich gar nicht schlimm: Die Welt hat ja seine Bilder. Meine Mutter dagegen – die hat in dieser Welt eine große Lücke hinterlassen: denn seit sie nicht mehr lebt, kann kein Mensch auf der Welt mehr richtig Grünkohl kochen.

Ja, ich weiß, verehrte Leserin, verehrter Leser – Sie meinen, Sie könnten auch Grünkohl kochen. Aber bedenken Sie: Ich kann auch Bilder malen. Nur – mit Rembrandt ist das kein Vergleich ...

Der Grünkohl meiner Mutter ... Ich möchte das mal so ausdrücken: Als ich damals vor der Frage stand, vier Jahre nach Amerika zu gehen, hat meine Mutter alles mögliche versucht, mir das auszureden. Das bestärkte mich nur noch mehr in meiner Absicht. Dann hat sie gefragt: „Und wer kocht dir zu Weihnachten den Grünkohl?" Da bin ich hiergeblieben.

Dabei war meine Mutter gern bereit, jedem, der es wünschte, das Rezept zu überlassen. Es liegt nicht am Rezept! Es muß irgendwas anderes sein.

Meine Frau und ich versuchen jedes Jahr von neuem, den Grünkohl nach dem Rezept meiner Mutter zu kochen. Und jedesmal behauptet meine Frau: jetzt schmeckt er genauso wie bei dir zu Hause. Aber

– ich weiß nicht, ob Sie mich verstehen: Kopie bleibt Kopie!

Es gab in unserer Familie oft gewisse Differenzen. Weltanschaulicher Art und so. Zwischen Vater und Sohn fanden richtige Glaubenskriege statt, bei denen die Bücher durch die Gegend flogen. Meine Schwester sorgte für Liebestragödien griechischen Ausmaßes. Manche Familienangelegenheiten kosteten ganze Eimer voll Geschirr. Aber wenn es dann soweit war, daß der erste Frost den Grünkohl ereilt hatte (Frost muß er gehabt haben, und zwar im Beet, nicht im Kühlschrank, pfui Teufel!), wenn meine Mutter die Parole ausgab: Samstag gibt's Grünkohl – dann waren Politik und Liebe Nebensache. Eine heilige Handlung kann man doch nicht mit solchen lächerlichen Problemen entweihen.

Nun werden Sie fragen: Wie schmeckte er denn, dieser sagenhafte Grünkohl? Darauf kann ich Ihnen nur antworten: Es ist sinnlos, das zu beschreiben. Der Grünkohl meiner Mutter ... ach, ich zittere vor Erregung, wenn ich daran denke, wie es immer war, wenn sie sagte: „Sobald der erste Frost da war, mach ich auch dieses Jahr wieder Grünkohl!“

Und dann werde ich traurig. Ach, niemand niemand auf dieser Welt kann heutzutage noch Grünkohl kochen.

Übrigens – so was Lächerliches: Da hat mir doch tatsächlich neulich dieser Herr Ronneberger, unser Nachbar – sonst eigentlich ein netter Mensch –, hat mir dieser Herr Ronneberger doch einreden wollen, es gäbe keine Frau auf der Welt, die den Grünkohl so kocht wie *seine* Mutter. Was manche Leute sich so einbilden!

Schenkst Du mir Geschenkpapier

Steh ich da so in einem Laden, wo es lauter Sachen gibt, die kein Mensch gebrauchen kann. Na, Sie wissen schon: Glasfiguren, Untersetzer, Igel, Schweine, Zwerge, Aschenbecher – so eine „Geschenke-Boutique", nicht wahr.

Also, ich such da was und find nix – da beobachte ich, wie eine vornehme Dame sich von der extravaganten Boutique-Besitzerin das Geschenkpapier erklären läßt.

„Diese Geschenkpapierbogen", sagt die Boutique-Tante, „sind von dem italienischen Designer Mario Manetti entworfen. Und diese Motive hier in Silberdruck von dem Franzosen Jean Duvreaux. 3 Euro der Bogen."

„Fabelhaft. Phantastisch. Diese Ästhetik, diese spielerische Ornamentalistik", schwärmt die vornehme Dame. „Ich nehme sechs Bogen von jedem."

Sie blickt noch einmal entzückt auf das Papier-Design – und dann kommt der Nachsatz, der mich stutzen läßt:

„Und wickeln Sie es mir bitte als Geschenk ein."

Ich bin sonst eher schüchtern fremden Damen gegenüber, aber jetzt platze ich doch heraus:

„Als Geschenk? Sie verschenken Geschenkpapier? Kann man das heutzutage?"

Die Dame sieht mich kritisch an.

„Natürlich. Meine Schwester sammelt Geschenkpapiere. Dies ist ein Design von Manetti."

„Und von wem ist das Design von dem Geschenkpapier für das Geschenkpapier?" frage ich.

„Das ist nur ein Schmidt-Brevo. Sein diesjähriges Weihnachtsdesign. Wir nehmen es zum Einwickeln."

„Und Ihre Schwester?" frage ich die Dame. „Wickelt die in das Geschenkpapier Geschenke ein?"

„Wohl kaum. Sie sammelt Geschenkpapiere. Sie ist eine Spezialistin darin."

Ich gehe aus dem Laden und muß an meine Tante Lotte denken. Die war auch eine Spezialistin. Sie sammelte nicht nur Geschenkpapiere, sondern Einwickelpapier aller Größen und Farben. Sie sammelte auch Kartons, Margarine-Becher, Eis-Pappbecher, Plastiktüten, Kaffeedosen. Weihnachtspapier bügelte sie wieder auf, damit es wie neu war. Zwei Kleiderschränke und der halbe Keller waren voll davon, als Tante Lotte starb.

„Wenn schlechte Zeiten kommen, kann man das alles wieder brauchen", sagte sie immer.

Überall Stiefel

Komm ich doch heute morgen durch den Stadtpark – und denke: Nanu? Da sitzt auf einer Bank im Morgengrauen ein alter Mann und hat so nen verblichenen roten Mantel an. Ein langer weißer Bart wallt ihm darüber – und neben ihm, halb im Gebüsch, steht ein Pferd. Vorsichtig schleich ich mich von hinten ran und höre, wie der Alte vor sich hinbrummt:

„Stiefel, nix wie Stiefel. Große, kleine, ausgelatschte, kaputte, ungeputzte, geputzte – ich seh überall nur Stiefel! Und diese Gerüche. Was für Gurken die mir da vor die Tür gestellt haben. Das ganze Jahr tragen sie keine Langschäfter. Aber wenn ich komme, dann holen sie die ältesten Treter vom Dachboden."

Das Pferd – ein Schimmel – schnaubte verächtlich und kaute auf einem Zweig. Der Alte nahm einen Schluck aus der Taschenflasche. Dann brummte er wieder:

„Möchte überhaupt mal wissen: was soll diese Sitte? Mit den Stiefeln vor der Tür! Wenn man die Herren von der himmlischen Geschäftsführung darüber befragt, kriegt man bloß zur Antwort: Tradition! Hat mir doch neulich dieser Sankt Michael weismachen wollen:

‚Der Stiefel vor der Tür, Nikolaus, ist eine Art Friedenssymbol. Eine Geste des Vertrauens. Der Mensch ist mit nur *einem* Stiefel sozusagen hilflos. Er kann vor seinen Feinden nicht mehr fliehen. Indem er den Stiefel vor die Tür stellt, bringt er zum Ausdruck: Ich gebe mein Mißtrauen auf, ich vertraue auf die Liebe.'"

Der Schimmel hob den Kopf und wieherte belustigt.

„Ja, da mußt du wiehern, was?" lachte der Alte.

„Dabei hat das einen ganz einfachen Grund. Sie stellen nur *einen* Stiefel vor die Tür, weil mit einem Stiefel allein keiner was anfangen kann. Ein komplettes Paar könnte ja geklaut werden. So sieht es aus – und überhaupt ..."

Er nahm wieder einen Schluck aus der Flasche. Es war Rum drin.

„... der Stiefel ist doch kein Symbol des Friedens. Was machen die Menschen mit ihren Stiefeln? Sie treten! Und das nicht nur zur Weihnachtszeit! Guck dir doch die Welt mal an! Im Stechschritt marsch! Und links, zwei, drei ...! *Das* fällt mir ein, wenn ich Stiefel sehe! – Hast du gesehen" (er sprach zu seinem Pferd) –, „der alte Brockmann, der pensionierte Unteroffizier, hat doch tatsächlich wieder seine Kommiß-Stiefel vor die Tür gestellt. Na, dem hab ich's gezeigt! Heftzwecken hab ich ihm reingetan ..."

Das Pferd scharrte mit den Hufen und schüttelte sich, so daß die kleinen Glöckchen an seinem Zaumzeug läuteten.

„Das dürfen die im Himmel natürlich nicht wissen, daß ich hier unten jedesmal so einen Zorn kriege am Nikolaustag. Früher, da hatte ich nur Äpfel, Nüsse und Mandelkern im Sack. Die konnte man bequem in jedem Schuh unterbringen. Vielleicht noch einen Tannenzapfen dazu und fertig. Aber heute? Mit CD-Playern schicken sie mich los, mit Waschmaschinen und Fahrrädern, sogar mit Rasenmähern. Nun versuch doch mal, so was in einen Stiefel reinzukriegen!

Ein Kreuz ist das. Und darum sag ich: Man sollte die Sitte ändern. Wenn schon symbolisch – dann sollen die Leute in Zukunft lieber ihren Hut vor die Tür legen: als Symbol für Bettelei und Habgier. Oder noch besser gleich einen mittelgroßen Container!“

Es war nur noch *ein* Schluck in seiner Flasche. Als er den getrunken hatte, mußte er plötzlich lächeln und murmelte:

„Wenn meine Else vom Fischmarkt nicht wäre, würde ich ja an der Menschheit verzweifeln. Aber die vergißt mich nie. Jedes Jahr ist in ihrem Stiefel schon was drin, wenn ich hinkomm: ne Flasche Rum! So was kriegt man ja nicht bei uns da oben! Immer nur diesen schrecklich süßen Nektar. Ich glaub, der Rum ist der einzige Grund, warum ich überhaupt noch jedes Jahr wiederkomm.“

Er schwankte etwas, als er seinen Schimmel am Zügel faßte und sich langsam Richtung City entfernte ...

Weihnachten in der Bahnhofskneipe

In der Bahnhofskneipe bei Hein.
Stille Nacht mit Bier und Kerzenschein.
Wer heut kein Zuhause hat,
wer nicht weiß, wohin in dieser Stadt,
jeder landet irgendwann hier
trinkt ein letztes warmes Weihnachtsbier,
und natürlich auch jedes Jahr
triffst du hier das traute hochheilige Paar.

Weinend kommt ein kleines Mädchen reingelaufen:
Helft mir bitte, weil mein Vater mich verhaut.
Immer müssen sie sich Weihnachten besaufen.
Ich versteck mich, weil mir vor meinem Alten graut.
Der Fixer und die Fixerin,
sie wissen alle nicht, wohin.
Die Heilige Jungfrau schon die zweite Schachtel Camel pafft.
Es ist ein Ros entsprungen aus der Untersuchungshaft ...

In der Bahnhofskneipe bei Hein
haut das Christkind sich den Wodka rein.
Vater Joseph fällt auch gleich um.
Lauter sehr kaputtes Publikum.
Heiligabend, Heilige Nacht
O, du fröhliche – bis der Tresen kracht.
Und Knecht Ruprecht lallt: Hat kein Zweck,
und der letzte Zug ist schon lange weg.

Kurt, der Bulle, will auf keinen Fall mehr leben,
seinen Dienstrevolver steckt er sich in Mund.
Aber vorher mußt du schnell noch einen heben,
ruft der Wirt ihm zu, sonst ist das nicht gesund.
Ehefrau ist abgehaun,
mag sich nicht nach Hause traun.
In der Ecke sitzt ein Punker, der brutale Schläger-
Franz,
im Käfig neben sich eine lebendige Weihnachtsgans.

Eine junge, seriöse, feine Dame,
gut gekleidet, plötzlich fängt sie an und flennt:
Eine Nutte bin ich, Jessica mein Name,
hundert Euro für die Nacht, sooft ihr könnt.
Mit dem Spartopf kommt als Fee
Helene von der Heilsarmee.
Und die Nutte nimmt zwei Braune und sagt: Schwe-
ster, ist kein Witz,
Heute steckt dir eine Hure auch mal was in deinen
Schlitz.

In der Bahnhofskneipe bei Hein.
Stille Nacht bei Bier und Kerzenschein ...

Ein ganz gewöhnlicher Abend

Herbert hat immer gesagt: „Heiligabend ist doch ein ganz gewöhnlicher Abend. Wenn du mal richtig nachdenkst: Jeder Mensch kann jeden Abend Heiligabend feiern. Ich meine: ein bißchen in sich gehen und begreifen, daß wir alle arme Würstchen sind und eine Sehnsucht danach haben, aus dieser Misere erlöst zu werden. Aber dazu braucht man doch nicht so einen Riesenzauber zu machen."

Ich hab das meinen Kindern auch erklärt, hab gesagt: „Diese Heuchelei und das fromme Getue machen wir nicht mit. Bei uns läuft alles wie immer. Und damit, daß wir einen normalen Alltagsabend verleben, ehren wir die christliche Sache sogar mehr als alle diese Heiligabend-Christen, die das ganze Jahr über keinen Gedanken an den lieben Gott verschwenden."

Ja, so starke Worte hat Herbert immer gebraucht. Und ich muß sagen: die haben mir ganz schön imponiert. Irgendwie kam ich mir manchmal schon richtig sentimental vor, wenn ich mit meiner Frau so unterm Tannenbaum saß.

„Herbert hat ja recht", hab ich zu meiner Frau gesagt. „Wir sind doch auch nicht gerade die Frömmsten, aber Heiligabend sitzen wir wie alle anderen am offenen Himmelstor und kriegen glänzende Weihnachtsaugen."

Gestern abend nun – treff ich Herbert in der Kneipe an der Ecke, wo ich manchmal vorm Nachhausegehen noch ein Bier zu mir nehme. Sitzt Herbert da schon am Tresen und guckt trübe in sein Glas.

„Was ist los, Herbert?“ frage ich.

„Ach, dieser Heiligabend“, knurrt Herbert, „ich werd noch verrückt.“

„Wieso?“ frage ich. „Heiligabend ist doch ein Abend wie jeder andere – wenn man mal richtig drüber nachdenkt ...“

„Ja, klar!“ sagt Herbert. „Aber versuch das mal Christiane klarzumachen!“

„Christiane? Deine Frau heißt doch Lilo!“

„Ach Mensch!“ Herbert macht so ein komisch-verzweifeltes Gesicht: „Ich hab dir doch erzählt ... Na ja, du weißt doch ... Ich meine: das kann doch mal passieren ... Ich hab mich doch verliebt vor ein paar Monaten ... Nach zehn Jahren Ehe, mein Gott ...“

„Ach so! Deine Geliebte heißt Christiane?“

„Hieß!“ knurrt Herbert. „Sie ist nicht mehr meine Geliebte! Hat Schluß gemacht. Wegen Heiligabend...“

„Na so was!“ sage ich.

„Hat doch glatt von mir verlangt“, sagt Herbert, „ich soll Heiligabend zu *ihr* kommen.“

„Und geht das nicht?“

„Na hör mal, wie soll ich denn meiner Frau klarmachen, daß ich Heiligabend ne Geschäftsreise machen muß? Sie glaubt ja schon vieles, aber das denn doch nicht!“

„Und deine Christiane sieht das nicht ein ...“

„Nein! Heult mir was vor am Telefon: das ganze Jahr ist die Geliebte als Geliebte gut genug. Aber Heiligabend spielt der Ehemann den Ehemann! Und: Gerade von mir hätte sie das nicht erwartet, weil ich doch immer so spöttisch über Weihnachten rede. Und Heiligabend erweist es sich eben – ob die Liebe stark genug ist.“

„Na ja“, sage ich, „wenn Heiligabend doch ein Abend wie jeder andere ...“

„Ach was“, sagt Herbert. „Das geht einfach nicht. Schon der Kinder wegen. Dann ist eben Schluß mit der Liebe! Sentimentalität so was!“

Ich konnte mir ein Grinsen nicht verkneifen.

„Grüß Lilo“, sagte ich und bezahlte mein Bier.

„Und Friede auf Erden!“

Das Spielzeug

Das war in der Zeit, in der das Leben für einen kleinen Jungen von fünf Jahren sowieso recht merkwürdig verlief. Immer war die Mutter irgendwie in Sorge: daß der Vater nicht wiederkäme, daß sie nicht genug zu essen hätten, daß die Kohlen nicht reichten. Und nachts – fast jede Nacht dieses Theater mit dem sogenannten Alarm. Wenn man abends ins Bett ging, durfte man sich nicht ausziehen. Im Gegenteil: Vollständig angezogen mußte man sich aufs Bett legen. Und wenn man gerade im tiefsten Schlaf war, wurde man gerüttelt und gerufen: „Schnell, wir müssen in den Keller!“

Aber so war es nun mal, das Leben. Man hatte ja nichts anderes kennengelernt.

Und die Sache mit dem Spielzeug? Der Junge hatte doch gestern ein großes Holzflugzeug bekommen. Das war doch die größte Sensation in seinem bisherigen Leben!

„Schlag mal die Wolldecke zurück“, hatte ihm seine Mutter am vorigen Abend geraten. Er tat es – und konnte sein Glück zuerst gar nicht begreifen: Ein Flugzeug! Ein großes Flugzeug mit schwarz-weiß-roten Hoheits-Zeichen. Mit großen Holz-Propellern. Mit drei Rädern! Ein Flugzeug, halb so groß wie er selbst. Ein Flugzeug mit großen grünen Tragflächen!

Der Junge nahm es, hielt es über dem Kopf und lief damit durch die Stube. Dann umarmte er seine Mutter.

„Du darfst aber nur hier drinnen damit spielen", sagte sie.

Der Junge holte sich ein paar Bauklötze, hielt sie unter das Flugzeug, lief dann wieder mit dem Flugzeug über dem Kopf durchs Zimmer und ließ nacheinander die Bauklötze fallen – als kämen sie aus dem Rumpf des Flugzeuges.

„Das sind die Bomben!" lachte er.

Und wie einen Teddy-Bären hielt er das Flugzeug im Arm, als er an diesem Abend einschlief.

Mitten in der Nacht aber wurde er von einem Geräusch wach, das aus der Küche kam. Er erkannte die Stimme seiner Mutter und die Stimme der Nachbarin. Es war jene Nachbarin, die immer herüberkam, um sich Mehl auszuborgen oder zwei Briketts. Ewald, der Sohn der Nachbarin, war der Freund des Jungen. Ihm wollte er gleich am nächsten Tag von der Sensation erzählen: Ein Flugzeug hab ich, ein Flugzeug ...!

Die Frauen in der Küche flüsterten und wurden wieder laut. Irgend etwas Aufregendes mußte da geschehen sein ...

Wie aufregend es wirklich war, konnte der Junge erst viele Jahre später verstehen. Wie hätte er damals auch begreifen sollen, daß es lebensgefährlich sein konnte, wenn eine deutsche Frau bei einem Kriegsgefangenen für Brot ein Spielzeug einhandelt. Genau diese vaterlandsverräterische Tat aber hatten die beiden Frauen begangen.

Im früheren Clubheim des Sportplatzes gegenüber waren russische Kriegsgefangene untergebracht. Sie wurden zu Aufräumarbeiten und zum Blindgänger-Entschärfen eingesetzt. Es ging ihnen nicht gut, diesen gefangenen Feinden ... Und plötzlich gab es für die Frauen in der Straße eine Möglichkeit, doppelt Gutes zu tun. Spielzeug war ein Fremdwort. Wenn man aber ein Brot erübrigen konnte und es einem dieser armen Teufel zusteckte, erhielt man dafür ein selbstgeschnitztes Spielzeug für sein Kind. Nur erwischen lassen durfte man sich nicht.

Die beiden Frauen aber hatten jetzt furchtbare Angst.

„Irgend jemand hat uns angezeigt", berichtete die Nachbarin. „Ich wollte meinem Jungen den Lastwagen erst Heiligabend geben. Jetzt hab ich ihn verbrannt. Aber die kommen bestimmt auch zu dir!"

Das alles konnte der Junge nicht verstehen. Er erlebte nur, wie seine Mutter plötzlich an seinem Bett stand und ihn weckte:

„Mein Liebling", sagte sie und setzte sich auf die Bettkante, „du mußt jetzt ganz stark sein. Ich kann es dir nicht erklären. Du wirst es erst später verstehen, wenn du groß bist: Ich muß dir dein Flugzeug wieder wegnehmen. Und du darfst niemandem ein Wort davon erzählen."

Der Junge war viel zu verschlafen, um jetzt loszuweinen und Krach zu schlagen. Er drehte sich auf die Seite und schlief wieder ein. Aber am Morgen, als er erwachte – war sein Flugzeug weg. Und da ging es los: Tränen und Geschrei! Er wollte nichts hören von Tapferkeit und „deiner Mutter zuliebe" – und daß er später ein viel größeres Flugzeug bekäme, wenn der Vater aus dem Krieg zurück sei usw. usw. Er wollte sein Flugzeug wiederhaben! Er klagte die ganze Welt an wegen dieser ungeheuren Ungerechtigkeit.

Dann klingelte es. Und dieser fremde Mann stand im Zimmer. Die Mutter wollte den Jungen ins Schlafzimmer schicken, aber der Mann griff sich den Jungen.

„Lassen Sie doch das Kind in Ruhe!“ sagte die Mutter.

Aber der fremde Mann lächelte. Es war etwas Lauerndes in seinen Augen. Er trug einen grauen Mantel, auf dem ein Abzeichen zu sehen war. Der Mann legte die Hand auf die Schulter des Jungen. In gütigem Tonfall fragte er:

„Hast du ein Spielzeug bekommen – gestern oder heute? Einen Lastwagen oder ein Flugzeug? Ist doch nichts dabei. Du kannst es mir doch sagen!“

„Sie haben nicht das Recht, ein Kind zu verhören!“ sagte die Mutter.

„Welches Recht ich habe oder nicht, das müssen Sie schon mir überlassen“, sagte der Mann.

„Also, mein Junge, sag die Wahrheit! Du weißt doch: Ein deutscher Junge lügt nicht.“

„Ich habe ...“ Der Junge stockte. Noch nie hatte er das Gesicht seiner Mutter so gesehen. Nichts als Angst sprach aus ihren Blicken. „Sag es nicht“, baten ihre Augen. „Um Gottes Willen, sag es nicht!“

„Also“, sagte der Mann, „du kannst es dem Onkel doch verraten. Hast du ein schönes Flugzeug bekommen? Willst Du es mir zeigen?“

„Ich habe – ich habe überhaupt nichts bekommen“, sagte der Junge, riß sich los und lief aus dem Zimmer.

Dieser Junge ist heute viele, viele Jahre älter. Manchmal erinnert er sich noch daran, wie seine Mutter ihn damals weinend umarmt hatte, als der fremde Mann wieder gegangen war. Und vor ein paar Tagen, als der inzwischen so viel ältere Junge für seinen Neffen ein Fernlenkflugzeug zu Weihnachten kaufte – eines mit 500 Meter Reichweite, elektronischer Steuerung, echtem Benzin-Motor –, da sah er plötzlich das große, grüne Flugzeug wieder vor sich, auf seinem Bett unter der Wolldecke, mit den großen grünen Tragflächen und den Holzpropellern.

Rentner Pahlke auf der Flucht

Ein Mann flieht durch den Park. Der Rentner Willy Pahlke. Er trägt einen Morgenmantel und sieht sich immer wieder ängstlich um. Schließlich setzt er sich auf eine Parkbank neben eine junge Frau, die einen Säugling im Arm hat. Der Rentner muß erstmal verschnaufen. Dann sagt er zu der Frau:

„Verzeihung, junge Frau. Wenn ich mich mal einen Augenblick neben Sie setzen könnte. Dann können die mir nichts tun." (Er zeigt bedeutsam nach hinten in den Park.) „Rentnerabschußbeauftragte. Die sind jetzt überall unterwegs. Aber wenn ich hier neben Ihnen sitze, halten die mich für den Opa von Ihrem Kleinen da. Ja, zwischen Weihnachten und Neujahr muß man immer sehen, daß man ausbrechen kann aus dem Altersheim. Sonst binden die einen gnadenlos am Bett fest. Ist ja Personalmangel. Nur der Zivi und die Oberschwester Olga. ‚Tut uns leid, Herr Pahlke, aber zu Ihrer eigenen Sicherheit müssen wir Sie ein bißchen anbinden. Damit Sie nicht rausfallen aus dem Bett.' Ja, und die andern Alten, die sperren sie ins Fernsehzimmer ein – und dann feiern die beiden Weihnachten.

Auf der Liege von der Nachtschwester.

Wie alt ist er denn, der kleine Mann, den Sie da im Arm haben? Wie bitte? Ach, sechs Monate.

Die ganz Kleinen und wir Alten, wir haben ja viel gemeinsam. Zu uns sind die Leute auch immer so scheißfreundlich. ‚Na, Herr Pahlke, immer noch so rüstig auf den Beinen?' Bloß, daß sie uns das Kindergeld gestrichen haben. Ja, der Staat muß sparen. Früher gab es ja zu jedem Geburtstag über Hundert 250 Mark. Jetzt gibt es nur noch für jeden *runden* Geburtstag über Hundert 125 Euro.

Ich hab mich auch zu Ihnen hergesetzt, weil: wenn man sich als Rentner allein auf eine Parkbank setzt, dann stürzen gleich Scharen von alten Frauen auf einen los. Das sind die Rentnerinnen, die kommen ja nicht mit ihrer Rente aus. Da ist dann einer wie ich wie ein Strohhalm für die. Haben Sie doch bestimmt schon mal gesehen: Im Park sitzen immer mehrere alte Männer dichtgedrängt auf einer Bank und gucken sich ängstlich um. Die bilden Schutzgemeinschaften ...

Ach, wie heißt denn der kleine Mann in Ihrem Arm? Juliane? Ach so. Ein Mädchen. Ja, eine Juliane haben wir grad vorige Woche beerdigt.

Einundachtzig ist sie geworden. Auch ein Fall von grade noch mal verhindertem Sozialmißbrauch. Sie wollte ja unbedingt noch einen Bypass haben. Dann hätte sie vielleicht noch neunzig werden können oder noch mehr. Aber daß sie damit auch den Staat wieder zugrunde richtet, da hatte sie keine Skrupel. Na, die Krankenkasse hat es dann auch immer weiter und weiter rausgeschoben – bis es zu spät war. Aber das kostet ja auch alles dreifach und doppelt. Erstmal die Operation selber und dann, daß der Mensch dann immer noch lebt und lebt und lebt. Nee, ich mein: mit dem Schuldgefühl mag man ja auch nicht mehr leben.

Warum hören Sie mir denn überhaupt zu, junge Frau? Als alter Mensch ist man doch nur noch lästig. In Sibirien, die Ureinwohner, die haben ihre alten

Leute, wenn sie sie nicht mehr ernähren konnten, mit einem Lederstrick erdrosselt. Aber als Höhepunkt von einem großen Fest. Und haben noch ne Ansprache gehalten: Großvater, du warst ein großer Walfischjäger. Aber jetzt, wo du das Wasser nicht mehr halten kannst, jetzt mußt du in die ewigen Jagdgründe vorauseilen. Das war doch noch menschlich. Und heute? Heute setzen sie ihre Oma auf dem Autobahnparkplatz aus. Hatten wir eine bei uns. Haben sie aufgegriffen. Keine Papiere. Hatte die Alzheimer. Hat nie einer rausgekriegt, wem die Oma gehört hat.

Das ist ja das Unglück: daß der Mensch zu alt wird. Das richtet den Staat zugrunde. Ich denk: da könnten sie dann doch einfach auch nen Artikel im Grundgesetz aufnehmen: Jeder Bundesbürger hat nur 75 Jahre zur Verfügung. Und dann ist eben Schluß. Dann ist jedes Jahr nach Weihnachten eben großes Alteneinschläfern in der Turnhalle.

Bürgermeister hält noch ne Ansprache. Gibt nen kleinen Umtrunk und diese netten kleinen Schnittchen, bißchen Musik dazu. Tja, dann hätte man doch wenigstens noch was, worauf man sich noch freuen kann ... O, ich glaub – da hinten kommen schon wieder diese Rentnerabschußbeauftragten. Könnten Sie mich vielleicht n Stück begleiten, damit sie mich nicht kriegen ...?“

Was schenkt man Oma Reimer?

Und mit schöner Regelmäßigkeit
muß man sich zur Weihnachtszeit
wochenlang das Hirn verrenken:
Großer Gott, was soll man Oma schenken?

Warme Unterwäsche, zuckt es jäh
durch den Geist dir. Traurige Idee!
Schlüpfer von der Achsel bis zum Knie:
Keine Oma hat so viel wie sie.

Denn es hat sie stets bewegt,
daß der Mensch was Wollnes trägt.
„Warme Sachen, die von unten schützen,
kann man nie genug besitzen."

Doch wie wär's mit einem schönen Schal?
Sehr gut, denkst du. Aber – warte mal:
Niemals sah ein Mensch sein Leben lang
eine Oma mit mehr Schals im Schrank.

Denn fast jeder schenkt ihr Schals.
Und sie sorgt auch selbst für ihren Hals.
„Kühler Kopf und warme Mandeln,
das", sagt Oma, „nenn ich weise handeln."

Handschuh fallen dir jetzt ein.
Doch das dürfte auch nichts Neues sein.
„Willst du Gicht vermeiden, so verwende
immer wollne Handschuh für die Hände."

Oh, verflixt! Was gibt es sonst für Sachen,
welche Oma Freude machen?
Denn natürlich muß es praktisch sein,
soll es Omas Herz erfreun ...

Und mit Schrecken wird dir klar,
einfach alles hat sie ja:
wollne Decken, Taschentücher,
Sofakissen, Kräuterbücher,
Hauspantoffeln, Überschuhe,
Häkeldeckchen für die Truhe,
Untersetzer, Ohrenwatte,
warme Socken, Tortenplatte –
für die Füße, für den Magen ...
Magen? Halt! Das könnt es sein!
Und mit Wonne fällt dir ein:
oft schon hörtest du sie klagen
eben über diesen Magen!

Und schon hast du *die* Idee:
Gegen Omas Magenweh
eine Flasche Magenbitter!
Ja, den schenkst du ihr, damit er
nicht nur Magen und Gedärme,
sondern auch ihr Herz erwärme!

Heiligabend trittst du dann
stolz mit deiner Flasche an.
Oma nimmt sie in Empfang
und stellt sie mit „Tausend Dank!“
unter ihren Tannenbaum.
Doch da stehn – du glaubst es kaum –
ungefähr schon sieben Liter

Kräuterschnaps und Magenbitter,
von den anderen Verwandten,
Neffen, Nichten, Onkel, Tanten.

Aber Oma Reimer sagt:
So, wie sie der Magen plagt,
könnt’ sie zwölf bis vierzehn Flaschen
gut und gern im Jahr vernaschen!

Frauen sind von Weihnachten nicht wegzudenken

Frauen sind von Weihnachten nicht wegzudenken.
Weil der Mann dann gerne in Familie macht.
Er kommt rüber mit den teuersten Geschenken
und ist ganz ihr Gatte in der Heilgen Nacht.
Nach dem Fest vergißt er Irma
und liebt wieder seine Firma.
Es kommt immer grad drauf an,
wofür man uns gebrauchen kann.

Weihnachten ist ohne Frau nicht vorzustellen,
wie sie backt und kocht und putzt das ganze Haus,
einwickeln, aufdecken und Kartoffeln pellen,
so nen Streß, den hält ein Mann doch gar nicht aus.
Er fragt harmlos dann: Elfriede,
warum bist du nur so müde?
Sei doch lieber so wie ich:
ruhig, still und feierlich.

Frauen sind Engel, Frauen spielen Schalmei und Harfe,
Weihnachtsfrauen, nein, die gibt es nicht zum Glück.
Ruprecht droht den Kindern noch mit Prügelstrafe
und ist irgendwie doch hinterm Mond zurück.
Den Weihnachtsmann, den macht der Vater,
er stapft herum mit viel Theater.
Ich, seine Frau, denke mir dann:
Du bist und bleibst ein Weihnachtsmann!

Umgekehrte Weihnachten

Eine häusliche Szene – sagen wir mal am Heiligen Abend nachmittags – zwischen dem Vater und seiner neunjährigen Tochter.

Vater: (sitzt am Tisch und liest die Zeitung) Na, Gott sei Dank: während der Weihnachtstage werden fast überall die Kriegshandlungen eingestellt. Die Waffen schweigen. Friede auf Erden.

Tochter: Ja, echt beknackt. Voll ätzend!

Vater: Was ist voll ätzend? Daß Weihnachten kein Krieg stattfindet?

Tochter: Voll die Heuchelei! Typisch bescheuerte Erwachsene!

Vater: Aha. Mein liebes Kind, du hast zum Glück keine Ahnung, was Krieg bedeutet. Wenn es nach dir ginge, sollen also immer schön weiter die Bomben fallen. Auch Weihnachten?

Tochter: Das heißt also: Weihnachten ist Friede, toll. Aber nach Weihnachten, da geht's dann wieder los. Voll die Hölle. Nur Weihnachten, da ist kurz mal Friede. So beknackt sind nur Erwachsene.

Vater: Ach nee. Wenn es nach dir ginge, wäre also nicht mal zu Weihnachten Friede auf Erden?

Tochter: Wozu soll denn das gut sein? Für drei Tage? Dankeschön. Wenn ihr das ganze Jahr bombardieren und totschießen müßt, dann könnt ihr euch euren Weihnachtsfrieden bitte sehr auch noch sparen.

Vater: Meine Güte, Weihnachten ist schließlich das Fest der Liebe, das sind nun mal zwei, drei Tage, wir können ja schließlich nicht das ganze Jahr Weihnachten haben ...

Tochter: Nee, natürlich nicht. Das wäre ja auch zu kraß. Das ganze Jahr Frieden, o Gott, das ist eben zuviel verlangt von erwachsenen Menschen.

Vater: Allerdings. Von so was können eben nur Kinder träumen. Wenn du auch mal erwachsen bist, wirst du es begreifen: das ganze Jahr Weihnachten, das hält man doch überhaupt nicht aus.

Tochter: (überlegt einen Augenblick) Aber wie wäre es denn, Papa, ich hab ne Idee ...

Vater: Du hast ne Idee?

Tochter: Wenn man es einfach umgekehrt machen könnte!!

Vater: Wie umgekehrt?

Tochter: Na ja, ich mein: wenn Weihnachten eben nicht das Fest der Liebe wäre ...

Vater: Sondern?

Tochter: Das Fest, wo alle sich hassen. Das Fest der Gewalt, der Bomben, das Fest, wo sich alle gegenseitig ermorden ...

Vater: Guck mich mal an. Hast du sie noch alle auf der Latte, oder wie heißt das bei euch?

Tochter: Wahrscheinlich nicht. Ich mein ja: umgekehrt: Nur Weihnachten Krieg und Morden und Umbringen. Und das übrige Jahr eben ganz einfach Weihnachten, also so wie jetzt Weihnachten. Und Weihnachten, also wenn Weihnachten umgekehrt ist, da könnt ihr dann drei Tage lang Krieg führen und einen auf Morden und Totmachen machen – aber nach Weihnachten gleich wieder Friede auf Erden.

Vater: Aha. Ich gebe zu: ein origineller Gedanke. Das wäre ja echt geil. Nur Weihnachten Krieg und sonst das ganze Jahr schön Frieden heucheln wie sonst Weihnachten. Prima, Kleine. Das werde ich der UNO vorschlagen, ist ja genial.

Tochter: Geschenkt, Alter. Als Erwachsener bist du eben zu blöd, auf so was zu kommen, ihr seid ja sowieso alle verkalkt da oben!

Vater: He! Du vergreifst dich schon wieder im Ton. Möchtest du was an die Ohren, du freches Gör, du?

Tochter: (läuft weg) Ja, aber dann bitte nur Weihnachten. Die Kinder auch nur Weihnachten schlagen – und das übrige Jahr eben nicht.

Oma Reimer unterm Weihnachtsbaum

Weihnachten steht bei Oma Reimer
stets ein gefüllter Wassereimer
neben dem Tannenbaum –
sowie eine Tüte mit Sand.
So wartet Oma mit Gottvertraun
auf den *Weihnachtsbaumbrand.*

Allerdings hat sie elektrische Kerzen.
Ja, mit dem Unglück ist nicht zu scherzen!
Wenn da ein Kurzschluß entsteht
(wie es schon oft in der Zeitung stand!).
Du glaubst ja gar nicht, wie schnell das geht,
so ein *Weihnachtsbaumbrand!*

Darum legt Oma auch ihre Papiere,
ihr Reserve-Gebiß, das Sparbuch und ihre
Fotos von ihrem ersten Mann
neben das Gummibaum-Postament:
damit sie sie schneller erreichen kann,
wenn der *Weihnachtsbaum brennt.*

Und dann hat Oma schon überlegt,
ob sie zu Weihnachten Gummischuh trägt
und zieht sich besonders von unten warm an:
weil man ja nicht erst im letzten Moment
sich warm anziehen kann,
wenn der *Weihnachtsbaum brennt!*

Weihnachten findet sie – sagt sie – ganz ehrlich:
irgendwie schön – aber auch gefährlich!

Idealer Wuchs

Die Natur ist bekanntlich der größte Pfuscher, den es gibt. Sieht man doch schon an sich selber: Entweder man ist zu dick oder zu dünn oder zu lang oder zu kurz. Ich hab zum Beispiel schiefgewachsene Schneidezähne, meine Frau hat – na ja, lassen wir das. Auf jeden Fall: Die Natur liefert keine ordentliche, gleichmäßige Arbeit, wie sich das gehört.

Wem dies das ganze Jahr nicht auffällt, der merkt es aber spätestens zu Weihnachten: an seinem Tannenbaum. Auf der Straße, wo Sie ihn gekauft hatten, war er noch ausgewogen und harmonisch. Der Händler hat noch gesagt: „Da haben Sie aber ein Prachtexemplar erwischt!“ Und Sie mußten ihm recht geben. Dann kommen Sie nach Hause und zeigen das Prachtexemplar stolz ihrer Frau, indem Sie es schon mal zur Probe in die Zimmerecke halten. Und was sagt Ihre Frau? „Um Gottes willen, Herbert! Was ist das denn für eine Mißgeburt!“ Und tatsächlich: jetzt erkennen Sie es auch. Plötzlich hat das gute Stück oben nur ein paar magere Strünke, unten ist es rechts sehr buschig, aber links muß es irgendwann im Wald mal von einem Elefanten getreten worden sein.

Der Stamm erinnert Sie von der Seite gesehen sehr stark an einen Flitzbogen. Kurz und gut, es bleibt Ihnen nichts anderes übrig, als erst einmal einen kräftigen Schluck aus der Cognacflasche zu nehmen, die Säge aus dem Keller zu holen und sich zwecks Korrektur der Natur auf den Balkon zu begeben.

Ich habe in der sogenannten Tannenbaum-Schönheits-Chirurgie langjährige Erfahrung. Zuerst stelle ich fest: Links müssen zwei Zweige abgesägt werden. Wenn das geschehen ist, stelle ich fest, daß nunmehr rechts drei Zweige abgesägt werden müssen. Wenn das geschehen ist, erweist es sich als das beste, rechts noch einmal drei Zweige – usw. usw. Hierdurch ist natürlich nicht auszuschließen, daß der Baum allmählich vorn und hinten erheblich zu voluminös wird, so daß auch hier gewisse Operationen erforderlich werden – und kurz und gut, es kommt unweigerlich der Augenblick, wo ich mich zur sogenannten Totalamputation entschließe: Das heißt, ich entferne auch noch die restlichen Zweige. Nun halte ich den nackten Stamm in der Hand, während die Zweige kniehoch den gesamten Balkon abdecken. Damit sind nun die Voraussetzungen ideal, um zu einem wirklich vollkommenen Weihnachtsbaum zu gelangen. Allerdings muß ich jetzt sehr schnell handeln, bevor etwa meine Frau auf dem Balkon erscheint und mich mit Schreckensrufen wie „Tannenbaummörder“, „amoklaufender Weihnachtsmann“ und ähnlichem einschüchtert. Ich nehme also sofort Bohrer und Zollstock und bohre in regelmäßigen Abständen etwa 10 mm große Löcher in den kahlen Stamm. In diese stecke ich die schönsten der abgesägten Zweige – und erhalte so einen rundherum absolut gleichmäßig gewachsenen Weihnachtsbaum – wie die Natur ihn in ihrer schluderigen und vor allem asymmetrischen Arbeitsweise nie zustande bringen könnte.

Die Methode hat allerdings einen Haken. Wenn der Baum am ersten Weihnachtstag bereits alle

Nadeln verloren hat, ist es immer wieder sehr mühsam, meiner Frau begreiflich zu machen, daß dies an den modernen Düngemethoden in der Forstwirtschaft liegt und an der Umweltverschmutzung usw. Sie sagt: „Bei anderen halten die Bäume aber länger." Wozu ich nur sagen kann: „Eines gibt's eben nur – entweder idealen Wuchs oder häßliche Haltbarkeit ..."

Freue dich!

Ich habe den Verdacht, daß da irgendwas nicht stimmt. Aber ich kann es nicht beweisen. Ein paar Wochen vor Weihnachten fängt meine Frau plötzlich an und sagt: „Ach, ich freu mich schon so auf Heiligabend!“ – Ich reagiere natürlich sehr vorsichtig und sage: „Sicher, weil du so ein schönes Geschenk für mich gefunden hast?“ – „Och ja“, antwortet sie, „das ja sowieso. Aber ich freu mich am meisten, weil ich weiß, daß du dir immer so herrliche Überraschungen für mich ausdenkst.“

Ich überlege einen Augenblick ganz scharf und fühle, wie eine Art moralischer Entrüstung in mir aufsteigt. Ich lege ernsthaft die Stirn in Falten und sage: „Wenn ich mich recht erinnere, ist Weihnachten doch dazu da, an andere zu denken und nicht an sich selbst.“ – „Aber natürlich“, sagt meine Frau, „Weihnachten sollen alle Leute einander Freude bereiten. Und je mehr und je reinere Freude man den anderen bereitet, um so besser hat man den Sinn der Weihnacht erfüllt.“

Wenn sie „Sinn der Weihnacht“ sagt, kriegt sie so strahlende Weihnachtsengelaugen, aber ich lasse mich davon natürlich nicht irritieren. „Also bitte“, sage ich, „dann geht es doch darum, anderen etwas zu schenken, und nicht darum, selbst etwas zu kriegen.“ – „Ja schon“, sagt sie, „aber man darf das nicht so oberflächlich sehen. Nehmen wir mal an, du schenkst mir diese Weihnachten die Kaschmirjacke...“ – „Ich heiß doch nicht Bill Gates!“ – „Das ist ja auch nur ein Beispiel. Außerdem schenken solche

Leute Nerzjacken und nicht so was verhältnismäßig Preiswertes. Also, mal angenommen, nur mal angenommen: du schenkst mir diese Jacke, dann wäre das ganz bestimmt das schönste Weihnachtsgeschenk, das ich dir dieses Weihnachten machen könnte."

„Wie bitte? Ich glaub, ich komm nicht mehr mit. Du mir?" – „Ist doch ganz klar. Ich würde mich so ungeheuer freuen, daß meine Freude dein schönstes Geschenk wäre. Voriges Weihnachten, als ich mich so sehr über das Armband gefreut habe, hast du doch auch gesagt: Ich freu mich so, daß du dich freust!" An diesem Punkt wird mir schon so schwindelig, daß ich denk, ich hör die Weihnachtsglocken bimmeln. Mit einem letzten Aufbäumen meiner Logik sage ich: „Hör mal! Ich freu mich aber auch über das, was du mir schenkst. Hoffentlich."

Da lächelt sie mitleidig. „Ja, gewiß freust du dich auch, wenn du etwas geschenkt bekommst. Aber das ist doch mehr die materielle Freude. Die reine Weihnachtsfreude ist doch die andere, die selbstlose Freude. Die Freude über die Freude – deiner Frau zum Beispiel. Und siehst du, diese reine Freude möchte ich dir gern zu Weihnachten schenken."

Ich weiß genau, da stimmt irgendwas nicht. Aber ich seh es schon kommen: Ich werd mir wohl die Freude machen – Verzeihung: die reine Freude –, diese Kaschmirjacke zu kaufen!

… aber nicht mehr vor dem Fest

„Die Geschäftsleitung hat entschieden: Fräulein Sievert erhält die Kündigung."

„Das war ja vorauszusehen. Aber wann? Doch wohl nicht mehr vor dem Fest."

„Natürlich nicht. Wir wollen ihr doch Weihnachten nicht verderben." Auszug aus einem Personalgespräch zwischen Personalchef und Abteilungsleiter. Ja, zu Weihnachten herrscht Friede auf Erden, aber mancher Friede ist trügerisch.

„Ich versprech es dir, Geliebte: Ich reiche die Scheidung ein. Aber versteh doch: nicht mehr vor Weihnachten."

„Na gut, das sehe ich ein, aber gleich nach dem Fest machst du Ernst!" Waffenstillstand: Gnadenfrist bis nach dem Fest.

Wenn man darüber nachdenkt, kann einem ganz mulmig werden. Wer weiß, was schon alles beschlossen ist über Sie und mich – für nach dem Fest.

„Es geht nicht mehr. Und wenn Oma noch so viel Geschrei macht: Sie muß ins Heim. Man kann sie nicht mehr länger allein lassen."

„Da hast du recht, Karl-Heinz, aber bitte nicht mehr vor dem Fest."

„Natürlich nicht. Man ist doch kein Unmensch."

Nein, wenigstens nicht mehr bis Weihnachten. Es ist längst beschlossene Sache, daß der Baum an der Grundstücksgrenze, der im Sommer immer so viel Licht wegnimmt, gefällt werden soll. Aber lieber nach Weihnachten. Zur Zeit sind die Leute so empfindlich. Nach dem Fest ist das alles viel einfacher.

Auch Ajax soll noch leben bleiben – bis nach dem Fest. Vater und Mutter sind sich einig, er ist jetzt schon so altersschwach. In den Winterurlaub kann man ihn auch nicht mehr mitnehmen.

„Aber willst du es den Kindern noch vor Weihnachten zumuten?“

„Aber nein! Natürlich nicht!“

Ja, Ajax, wenn du wüßtest, wie trügerisch der Weihnachtsfrieden für dich ist. Alles hat Aufschub. Monikas Mandeln sollen auch erst im Januar raus.

Sogar der Gerichtsvollzieher fragt zurück: „Muß denn die Pfändung noch vor Weihnachten sein? Das wäre doch grausam!“

Wenn das Fest erst vorbei ist – dann allerdings wird wieder zugeschlagen. Gnadenlos und ohne Sentimentalitäten. Das ist die beunruhigende Seite des Weihnachtsfriedens. Man weiß nicht, wie weit man ihm trauen darf. Nur als fetter Karpfen oder als Weihnachtsgans ist man in der Beziehung besser dran: Da hat man wenigstens Gewißheit.

Sankt Nikolaus'
Ansprache an die Kinder

Liebe Kinder, jetzt müßt ihr die Nerven behalten
und Mitleid beweisen mit euren Alten.
Weil sie zur Weihnachtszeit auf Erden
allesamt – nun ja – etwas wunderlich werden.

Zum Beispiel: Sie *müssen* euch einfach erpressen.
Das ist nun mal immer zu Weihnachten so.
Du wünscht dir nen Walkman in Stereo?
Also bitte: dann auch den Spinat aufgegessen!

Da dürft ihr nur lächeln. Und bloß nicht fragen,
was sich die Mutter vielleicht dabei denkt.
Oder: Ob man Spinat seit neuesten Tagen
auf radio energy empfängt.

Andererseits müßt ihr natürlich auch wissen,
daß euch eigentlich gar nichts passieren kann.
Die Erwachsenen wären doch aufgeschmissen
ohne Kinder – mit Christkind und Weihnachtsmann.

Die brauchen euch alle. Und zwar sogar die,
die sich über den Mißbrauch des Festes erregen:
„Uns liegt nichts an Weihnachten, wissen Sie.
Wir feiern ja nur noch der Kinder wegen."

Merkt ihr was? Wenn sie euch weismachen wollen,
ihr dürftet vorm Fest euch rein gar nichts mehr traun –
stimmt gar nicht! Vor Weihnachten könnt ihr aus vollem
Herzen auf sämtliche Pauken haun!

Am besten ist: Nicht darüber nachzudenken,
was sie jetzt so erzählen. Sie sind ja zum Schrein.
Sie sagen: Ein Wahnsinn mit den vielen Geschenken
und kaufen die Sachen waggonweise ein.

Vernünftig ist kaum noch mit ihnen zu reden.
Sie drohn euch und sehn euch so merkwürdig an.
Aber daß sie euch eure Geschenke nicht geben
Heiligabend – na, da glauben sie doch selber nicht dran.

Kein Weltuntergang könnte sie daran hindern,
euch unterm Weihnachtsbaum strahlen zu sehn.
„Man hat ja viel Ärger mit seinen Kindern.
Aber Weihnachten ist es doch auch wieder schön!"

Liebe Kinder! Übt Nachsicht! Vor allen Dingen:
Betrachtet das Ganze als riesigen Spaß.
Vielleicht sogar mal ein Weihnachtslied singen.
Es gibt ja so Eltern – die brauchen das!

Der „Weihnachtsbaum“

Hilfe, ich bin in Frankfurt. Man hat mich hier in so ein Superhotel verfrachtet, so einen Menschensilo. Unheimlich teuer, unheimlich luxuriös. Es ist 23 Uhr. Ich bin auf Zimmer 487 gefangen. Ja gefangen – so komm ich mir vor. Das Fenster kann man nicht öffnen. Wegen der Klimaanlage. Und draußen schneit es. Ich möchte die Schneeflocken anfassen. Aber ich lebe in einer Zeit, in der die Häuser keine Fenster mehr haben – keine Fenster zum Öffnen. Die „Landschaft“ da draußen ist utopisch: Betonschlangen auf Stelzen. Das sind Straßen. Über-, unter- und nebeneinander halten sie in kühnen Kurven und Schleifen die Erde umschlungen. Und ich frage mich: Warum kann ich mich nicht darüber freuen, daß es schneit!

Nachts in meinem Traum schneit es immer noch. Und plötzlich sitzt da wieder mein Vater auf dem Baum. Er sägt aus Leibeskräften an dem dicken, schweren Lindenast. Seit zwei Stunden sägt er schon mit der Baumsäge, die eigentlich von zwei Männern bedient werden muß. Aber ich kann ihm nicht helfen. Ich bin erst neun Jahre alt. Alles, was ich tun kann, ist aufzupassen, ob ein Polizist kommt.

Ja, das war 1945, eine Woche vor Weihnachten. Wir hatten keine Kohlen mehr. Seit 14 Tagen saßen wir in Mäntel und Wolldecken gehüllt in der Wohnung. Vor dem Lagerraum, in dem wir hausten, führte die breite Straße vorbei. Auf der standen prächtige Linden in zwei Reihen. Fast jeden Morgen, wenn wir auf die Straße sahen, fehlte wieder ein großer Ast aus den Bäumen ... Mein Vater sagte: „Es hilft nichts. Auch wir wollen Weihnachten nicht erfrieren."

Ich weiß noch genau, wie es krachte und splitterte, als der Ast auf die Straße fiel. Mein Vater fiel sozusagen hinterher. Völlig erschöpft. Wissen Sie, was für ein Ungetüm so ein schneebeladener Lindenast ist? Diesen hundertköpfigen Drachen mußten wir nun noch von der Straße über die Straßenbahnschienen hinweg in die Auffahrt zu unserer Behausung schleifen. Es war ein Drama im Schneegestöber. Ein Kampf gegen die Zeit, die Kälte und die Angst vor der Polizei. Jeden Moment konnte die erste Straßenbahn auftauchen. Die Äste verhakten sich in der Pforte zur Auffahrt. Mein Vater zog, schwitzte und stöhnte. Und plötzlich stand ein Mann in Uniform vor uns: Polizei. Mein Vater ließ keuchend die Äste los, aber der Polizist rief: „Los, anfassen." Ein Ruck, ein paar krachende Zweige – es war geschafft. Ohne ein weiteres Wort entschwand der Polizist im dichten Schneetreiben.

Drinnen, in unserer Lagerwohnung, ließ mein Vater sich auf einen Stuhl fallen und schnaufte: „Ist das eine Zeit. Wo die Linden Weihnachtsbäume sind und die Weihnachtsmänner Polizisten."

Im Tempel der Düfte

„Parfüm kommt immer an.“ Lautet ein oft gehörter Tip unter Ehemännern vor Weihnachten. Einige haben sogar schon gelernt, daß es außer 4711 noch andere Riechwässer gibt. Wenn ich mich vor Weihnachten durchs Einkaufszentrum quetschen lasse und an einem Kosmetik-Geschäft – oh pardon: Kosmetik-Salon – vorbeikomme, erinnere ich mich immer an jenes erste Mal, als ich der Frau meines Lebens ein Parfüm kaufen wollte.

„Kann ich Ihnen helfen?“ fragte mich eine Filmdiva im weißen Kittel mit betäubendem Duft und einem überirdischen Teint.

„Ich möchte ein Parfüm kaufen.“ Noch immer spüre ich den nachsichtig milden Blick der Schönen, der mir zu sagen schien: Aus welchem Urwald kommst du denn? Ihre Worte aber waren freundlicher.

„Da zeige ich Ihnen wohl erst einmal eine Auswahl unserer Kollektion. Dann entscheiden wir uns.“ ‚Wir uns‘, sagte sie. So wie der Arzt seinen etwas schwachsinnigen Patienten anspricht.

Ach, und dann streifte sie den Ärmel hoch, ihr feenhaft zarter Arm kam zum Vorschein, und überallhin sprühte sie verschiedene Düfte.

„Riechen Sie“, sagte sie.

Ich erschrak. Ich Unwürdiger sollte mit meiner ordinären Nase diesen zarten, zerbrechlichen Arm abschnuppern?

Ich errötete, aber ich schnupperte und wählte irgendeinen Duft.

„Nils Holgersson“, sagte die Schöne. „Als Essential, als Deo oder als Water? Oder soll es ein Shower-Balm oder ein Bath-Oil sein?“

Ich muß sehr dämlich geguckt haben. Mein fragender Blick veranlaßte die Schöne zu einem noch nachsichtigeren Lächeln, als wollte sie sagen, oh Gott, wie groß kann menschliches Elend sein!

Aber höflich erklärte sie mir dann, was ich bis heute nicht ganz begriffen habe. Nur so viel habe ich verstanden: Frauen schweben wohl ständig in Lebensgefahr. Um Himmels willen nicht das falsche Bath-Oil für die fettarme Haut bei gleichzeitiger Benutzung einer Bodylotion mit tiefschürfender Aufbauwirkung und nachfolgender Verwendung eines Deo-Natural-Spray in der Softstufe anwenden.

Und was heißt denn hier Parfüm, einfach so Parfüm? Das ist ungefähr so, als würde man ins Vier Jahreszeiten gehen und zum Ober sagen: Guten Tag, ich habe Hunger.

Parfüm? Ja, was denn für ein Parfüm? Eau de Toilette in der Magerstufe oder Eau de Parfum als Deospray mit Transpirationsstop und doppeltgewürzter Endverduftung. Oder vielleicht besser eine aromatisierte Poren-Naturessenz mit tiefer Betäubungswirkung?

Nie wieder gehe ich in einen Parfümladen, äh, pardon, Kosmetik-Palast, und verlange einfach ein Parfüm. Nein, da bin ich jetzt gewitzt. Ich sage nur: „Haben Sie nicht etwas von der Marke Illusion für vor dem Duschen, aber nach dem Abtrocknen, so mittelfett als Zusatzlotion zum Showergel. Für den busenfernen Hautbereich in Naturbalm-Ausführung als Milchmix?“

Niemand lacht mich dann aus, feierlich und ganz selbstverständlich greift die schöne Verkäuferin nach einer ganz bestimmten Flasche. Ich entrichte an der Kasse mein halbes Monatseinkommen, und die Frau meines Lebens fällt mir Heiligabend unterm Weihnachtsbaum um den Hals. „Oh! Woher wußtest du? Genau das hat mir gefehlt!"

Alles digital

Haben Sie auch schon eine Digital-Kamera? Muß man ja haben. Haben ja alle schon. Ein wunderbares Weihnachtsgeschenk. Und so preiswert. Im Vergleich mit einem Kleinwagen oder so. Und denken Sie auch mal daran: Früher, wie war das nervtötend, wenn man zum Beispiel von Herbert und Inge zum Dia-Abend eingeladen war. Können Sie sich noch daran erinnern?

„Habt ihr am Samstag Zeit? Wir laden euch ein zum Dia-Abend. Wir haben wunderbare Dias im Urlaub gemacht!“ Um Gottes willen: da mußte man dann ganz schnell irgendwas erfinden: „Leider keine Zeit an dem Wochenende, ach, und am nächsten müssen wir ja unsere Oma im Heim besuchen“ oder irgend ne andere rettende Ausrede. Trotzdem ist man aber immer wieder drauf reingefallen. Denn die Freunde sind ja auch nicht dumm. Haben eben nichts vom Dia-Abend erwähnt. „Habt ihr nächsten Samstag schon was vor?“

Und harmlos wie man ist, hat man ehrlich geantwortet:

„Nein, ich glaube nicht“, und schon war's passiert: „Prima! Ihr seid herzlich eingeladen zum Dia-Abend.“

Naja, und das Unheil nahm seinen Lauf. Kaum hatte man Platz genommen: Herbert dunkelt das Zimmer ab, holt den Diaprojektor raus, die Leinwand ist schon aufgespannt, und es geht los:
Elke auf der Zugspitze. Klick. Herbert mit ner Kuh.
Klack. Elkes Rieseneisportion. Klick. Herbert trinkt auf Du.

Klack. Herbert küßt die Zimmerwirtin. Unsere Pension. Klick. Elke und der Wilde Kaiser. Kufstein, Talstation. Klack. Elke vor dem Goldnen Dachl. Und so weiter, und so weiter ... Mindestens eineinhalb Stunden lang ...

Allerdings – die Diavorträge hatten einen Vorteil: wenn man sie erst hinter sich hatte, dann hatte man sie auch hinter sich, will sagen: dann brauchte man auch nicht zu befürchten, daß man Elke auf der Zugspitze noch ein zweites Mal ansehen mußte, jedenfalls nicht aus dem selben Urlaub. Denn nach dem Dia-Abend mußten die Dias ja erst mal wieder abgelegt werden in die Magazine und die Magazine in die Kästen und die Kästen ins Regal. Und von dort wurden sie dann so schnell nicht wieder hervorgeholt.

Aber jetzt? Seit neuestem? Ich sag nur: Alles digital.

Alles gespeichert unter „Eigene Dateien und Eigene Bilder". Man ahnt nichts Böses, man besucht seinen Freund, und der holt plötzlich so ein kleines schwarzes Kästchen raus. „Das ist ein Adapter", sagt er. „Den steck ich vorn in mein TV rein, dann kann ich die Fotos von meinem PC überspielen." Er stellt nur kurz den Fernseher an. „Guck doch mal eben. Unser letzter Urlaub. Tolle Fotos: Alles digital." Du wirst ins Sofa geschmissen und schon geht es los – auf dem Bildschirm:

Elke auf Mallorca. Klick. Herbert sitzt beim Wein.
Klick. Elke guckt aufs Mittelmeer. Klick. Herbert springt grad rein. Klick.
Elke in Las Palmas, Riesen-Früchteeis. Klick.
Herbert völlig fertig: Mann, ist das hier heiß. Klick.
Elke in der Charterhalle. Klick. Herbert in der Charterhalle ...

„Toll, was?“ fragt Herbert, „digital ist super. Und alles gespeichert. Weißt du noch, früher in der Steinzeit, da hatte man einen Diakasten und mußte alles einsortieren und dann irgendwo aufbewahren. Jetzt hab ich das alles gespeichert. Arbeitsplatz, zack auf CD gebrannt und fertig. Und wenn ich das sehen will, einfach nur klick – schon geht das los. Ich weiß ja, daß du unsere Fotos so klasse findest, also wenn du nächstes Mal kommst, brauch ich nur kurz mein Programm anzuklicken, und wir können uns das alles noch mal angucken. Ist ja überhaupt kein Aufwand mehr.“

„Ja, ja“, sagst du. „Echt klasse. Ich freu mich schon drauf ...“

Das nächste Mal sind Herbert und Inge bei dir zu Besuch. Du hast sie selber eingeladen. Es fängt auch alles ganz harmlos an. Kein Wort von Urlaubsfotos. Allerdings, Herbert liegt schon dauernd was auf der Zunge. Und dann kommt es:

„Hast du unsere Fotos schon runtergeladen?“

„Eure Fotos? Äh ... wieso?“

„Ich hab sie dir doch zugemailt. Komm, mach mal dein Programm auf. Unsere Fotos vom letzten Urlaub. Die hast du alle in deiner Mail. Die können wir uns heute angucken. Den Adapter für den Fernseher hab ich mitgebracht ...“

O, Mann! Du kriegst einen furchtbaren Schreck – es bleibt dir aber nur zu sagen: „Das ist ja toll. Dann laß uns die man angucken.“

Und schon geht's los – auf deinem eigenen PC:

Elke und der Wasserfall. Klick. Herbert und das Bier. Klick. Herbert vor der Almhütte, Elke vor der Almhütte. Herbert und das Alpenglühn, Elke und das Alpenglühn ...

Und wenn du jetzt noch die Unvorsichtigkeit begehst, auch diese Fotos zu loben, strahlt Herbert dich an und sagt: „Weißt du was, ich mail dir morgen noch unsere Videos vom Sylt-Urlaub rüber. Das ist kein Problem. Die *mußt* du dir einfach mal ansehen."

Ach, wie entzückend

Margot, die Gute, war Heiligabend auch wieder bei uns. Sie ist ja so eine herzensgute Person. Wenn sie nur ... Na ja, Heiligabend mag man ja nicht unhöflich sein. Und dabei ahnen wir jedes Mal Schreckliches, wenn wir ihr Geschenk auspacken. Margot hat nämlich einen Geschmack – also, ich will mich mal vorsichtig ausdrücken: wie eine magenkranke Kuh. Vor einem Jahr hat sie uns doch tatsächlich mit einer venezianischen Gondel aus Silber mit bunten Glasperlen beglückt. Einfach zum Schreien! Die war von innen beleuchtet. Als Rauchverzehrer oder was weiß ich! Vor zwei Jahren kam sie mit einem gläsernen Seepferd als Aschenbecher an. Nicht zum Aushalten! Und dann fragt sie noch immer unterm Weihnachtsbaum: „Naaa? Gefällt es euch auch? Oder mögt ihr so was nicht? Könnt ihr wirklich ehrlich sagen." – Es fällt mir zwar schwer, ausgerechnet an Christi Geburtstag zu lügen. Aber ich geb ihr tapfer einen Kuß auf die welken Wangen und sage: „Ach, das ist aber lieb von dir, Margot. Das hast du bestimmt mit viel Liebe ausgesucht."

Diesmal hatte sie für uns – mit viel Liebe! – ein ganz ungewöhnlich scheußliches Exemplar von Kerzenhalter ausgesucht. Eine Seejungfrau aus weißem Porzellan auf einem Messingsockel mit ner Muschel auf dem Kopf als Kerzenhalter.

„Ach, wie entzückend!" habe ich gerufen. „ So was hat uns schon lange gefehlt!"

Und dabei versuchen wir nun schon seit vielen Jahren, der guten Margot ein bißchen Geschmack und Kultur beizubringen. Wir schenken ihr immer nur sehr ausgesuchte Handwerksarbeit, kunstgewerbliche Stücke von geschmacklichem Niveau. Diesmal z. B.: einen Wandteller aus elsässischer Bauernkeramik. Mit einem handgemalten Blätter-Ornament in dieser schlichten, aber kraftvollen Art, wie sie für die elsässische Bauernmalerei nun einmal typisch ist. Aber die gute Margot ... na ja – bedankt hat sie sich zwar: „Oh, wie wunderhübsch“, hat sie gesagt. Aber in Wirklichkeit – also passen Sie mal auf:

Am zweiten Weihnachtstag rufen uns vormittags die Dombrowskis an, ob sie nachmittags mal kurz vorbeikommen könnten. Die Dombrowskis sind entfernt verwandt mit unserer guten Margot. Wir hatten mit ihrem Besuch nicht gerechnet.

„Was schenken wir denen denn?“ fragt meine Frau.

„Wir haben doch so eine entzückende Meerjungfrau,“ sage ich. Meine Frau ist einverstanden.

„Den Dombrowskis könnte sie gefallen“, sagt sie.

Na, und was soll ich Ihnen sagen: Die Dombrowskis sind da – und: „Fröhliche Weihnachten! Wir haben euch auch etwas mitgebracht!“

Und sie erzählen beim Auspacken, daß sie heute noch kurz bei Margot waren. Dann heben sie den Kerzenständer hoch, und Frau Dombrowski ruft: „Nein, wie hübsch! So etwas haben wir uns schon lange gewünscht!“

Aber in dem Augenblick fängt meine Frau an zu lachen und lacht und lacht!

„Was ist denn los?“ fragt Horst Dombrowski. Und meine Frau fällt ihm um den Hals und sagt: „Wenn du wüßtest, wie sehr ich diese elsässische Bauernkeramik liebe!"

Als die Dombrowskis gegangen waren, sagte meine Frau, sie freue sich zwar wirklich, daß wir diesen wertvollen Teller wiederhaben. Aber von der guten Margot ist das schon eine kleine Unverschämtheit, die Sachen einfach weiterzuschenken, die wir zu ihrer geschmacklichen Bildung ausgesucht haben!

Die Weihnachtsboten

Ich weiß nicht, wie es bei Ihnen ist, aber für mich wird Weihnachten eigentlich immer von den guten Männern der Müllabfuhr eingeleitet. Neulich hab ich einen in der Imbißbude getroffen. Er hatte sich ein Bier bestellt und ne Currywurst – und erzählte dem Mann hinterm Tresen:

„Oh Mann, Kurt, sind die Autofahrer wieder ungeduldig in der Weihnachtszeit. Versteh ich gar nicht, warum die immer so ungeduldig sind. Haben kein Verständnis für unsere verantwortungsvolle Tätigkeit. Hängen da vielleicht so dreizehn Autos hinter unserem Müllwagen, können natürlich nicht vorbei wegen Einbahnstraße. Fängt doch tatsächlich einer an zu hupen – und dann noch einer. Na das war natürlich ein Fehler. Wir können nämlich noch viel sorgfältiger mit den Tonnen umgehen. Als wenn da rohe Eier drin wären. Ganz langsam rollen wir sie denn. Einer von den Autofahrern ist rausgesprungen, hat uns richtig angefleht: ‚Können Sie sich nicht beeilen? Ich muß doch noch Geschenke kaufen und hab keine Zeit.'

‚Ja, wenn Sie meinen, daß Sie das schneller können', sag ich. ‚Bitte zeigen Sie uns das mal.' Und der hat tatsächlich wie ein Verrückter die Tonnen mit weggerollt. Wunderbar.

Nee, also gerade jetzt in der Weihnachtszeit sind wir an und für sich sehr milde gestimmt. Wir gehen ja auch überall extra zu den Anwohnern und den Hausbesitzern. Klingeln wir extra an. ‚Guten Tag,

Ihre fleißigen Männer von der Müllabfuhr wünschen ein fröhliches Weihnachtsfest.' Da gibt es tatsächlich einige, die drücken einem die Hand und sagen bloß: ‚Ja, wünschen wir auch. Fröhliche Weihnachten für Sie.' Also nicht, daß wir fest damit rechnen, daß die Leute uns ne Kleinigkeit zustecken oder so. Nein, das ist die reine Weihnachtshöflichkeit. Ich meine: wenn sie uns vielleicht ne kleine Flasche Rum oder ein Scheinchen oder sowas zustecken, sind wir nicht böse drüber. Und das zahlt sich auch aus für die Leute. Ja, ja, wenn dann im nächsten Jahr mal eine von diesen blauen Mülltüten neben der Müllbox steht, die wir an und für sich ja nicht mitnehmen – na denn drückt man einfach mal ein Auge zu. Aber nicht, daß das was mit Weihnachtsgeschenken zu tun hat. Wir sind nicht bestechlich. Nur daß wir eben ein gutes Gedächtnis haben. Wer uns Weihnachten nur so die Hand drückt – das ist in Ordnung. Bloß, ich mein: wenn bei so einem dann der Mülleimerdeckel auch nur *einen* Millimeter hochsteht: ratsch wird einmal mit dem Arm so rübergefahrn – und liegt der Müll eben daneben – wir müssen uns ja an die Vorschriften halten.

Oh – ich glaub, ich muß wieder los. Wir stehen da nämlich an der Baustelle. Als ich losging, hatten schon die ersten gehupt. Die sind ja so ungeduldig, diese Autofahrer in der Weihnachtszeit, furchtbar."

Fahrlässige Leergutfalsch-einsortierung

Manche Geschenke zu Weihnachten sind so liebevoll eingewickelt, daß man sie am liebsten gar nicht auswickeln möchte. Aber dann muß es ja doch sein – und schon bald liegen überall im Zimmer die Kartons, die Styropor-Einsätze, die Bänder, die Schleifen, die Plastiktüten und Seidenpapiere herum. Was heißt hier, Weihnachten ist das Fest der Geschenke? Weihnachten ist das Fest des Auspackens – es kommt einem vor, als würde sich eine einzige Verpackungsmaterial-Lawine zuerst durch die eigene Wohnung wälzen, dann hinaus ins Treppenhaus, hinaus auf die Straße und durch die ganze Stadt. Schon hat man den Alptraum, unter all dem Packpapier begraben zu werden. Und nun stehen Sie da – und müssen das Problem lösen: welches Material kommt in welchen Container? Es muß ja ordentlich sortiert werden – nach Holzwolle oder Plastik, nach Schaumstoffen oder Karton.

Direkt nach dem Weihnachtsfest stand ich plötzlich mitten in der Nacht senkrecht im Bett. Meine Frau macht das Licht an. Ich sage: „Das Etikett, das Etikett, es war doch auf die Folie geklebt."

„Leg dich wieder hin", sagt meine Frau, „du hast schlecht geträumt." „Nein", sag ich, „ich hab das Etikett nicht von der Folie getrennt. Und der Aufreißstreifen, der dünne rote Aufreißstreifen ..."

„Hallo, du bist zu Hause, Liebling. Hallooo!" – „Die Waffel war angebissen und ich hab sie ordnungsgemäß in den Sondermüll geworfen, das war korrekt, aber das Etikett ...“ „Waaaaas hast du gemacht?“ Plötzlich ist auch sie hellwach. „In den Sondermüll?“ – „Ja“, sag ich. „Die Waffel mit der verschimmelten Haselnußcreme ...“ „Ja, bist du denn verrückt geworden!“ (Jetzt steht sie neben mir im Bett). „Die gehört doch in die Biotonne!“ – „Nein, nein“, sag ich. „Der Schimmel und der Konservierungsstoff, die gehen eine chemische Verbindung ein, das ist Sondermüll; aber das Etikett ...“ „Was hast du wieder angerichtet, Mann? Wenn sie unsere Mülltonnen diesmal wieder nicht entleeren und machen einen gelben Warnstempel rauf, damit alle Nachbarn sehen, daß wir falsch sortiert haben ...“ – „Wir?“ frage ich. „Das warst doch du das letzte Mal mit dem Joghurtbecher, den du nicht richtig ausgekratzt hast und ab in die Kunststofftonne. Das war doch der Grund!“ – „Das war der Grund?“ (Jetzt wird sie immer lauter). „Du hast die Metallfolie von demselben Joghurtbecher für Papier gehalten und in die Altpapiertonne geworfen. Eine Joghurtbecherdekkelmetallfolie in die Altpapiertonne! Wofür haben wir denn sonst das Bußgeld bezahlt!?“ Ich sage: „Wer hat denn vergessen, von der braunen Orangensaftflasche den Metalldeckel abzuschrauben, auf dem noch ein Papieretikett für den Preis geklebt war? Das war dreifach fahrlässige Leergutfalscheinsortierung!“

„Es war ein Plastikdeckel“, keift sie gegenan. „Aber du, du wirfst ja sogar Fensterbriefumschläge in die Altpapiertonne.“ – „Ja und“, sag ich, „sind Briefumschläge etwa kein Papier?“

Da wirft sie sich in die Brust: „Die Fenster von den Fensterbriefumschlägen sind aus Kunststoff, die

muß man ablösen und in die Kunststofftonne werfen.“ – „Kunststoff“, sag ich, „Kunststoff? Das ist Transparentpapier.“ – „Jawohl. Und Transparentpapier ist Kunststoff.“ – „Dann müßte es ja Transparentkunststoff heißen“, sage ich. „Aber du, du wirfst doch sogar deine Weißweinflaschen in die Buntglastonne und läßt noch den Korken drauf!“ – „Aus Versehen“, schreit sie. „Aus Versehen. Aber du, du wirfst sogar den Kaffeefilter mitsamt dem Kaffeesatz absichtlich in die Küchenabfalltonne, weil du zu verantwortungslos bist, um Küchenabfall, Kompost und Papier zu trennen.“ – „Sag das nochmal“, sag ich. „Ich zermartre mir mitten in der Nacht das Gehirn, ob ich das Papieretikett von der Alufolie der Hanuta-Packung ...“ – „Alufolie, Alufolie! Hanuta-Packung hat keine Alufolie! Das ist Glanzpapier mit Kunststoffbeschichtung und gehört in die Kunststofftonne ...“ Da hab ich angefangen, sie zu würgen! „Gibst du zu, daß die Hanuta-Packung keine Kunststoffbeschichtung hat?“ Sie röchelt: „Die Klebemasse zwischen Papier und Folie ist Kunststoff ...“

Da wollte ich zudrücken. Aber da ist mir im letzten Moment eingefallen: Wohin mit ihr?!

Erfindungen scheibnerweise

Es ist höchste Zeit, die Öffentlichkeit darüber aufzuklären, daß sie den gesamten technischen Fortschritt, mit dem sie täglich umgeht, keinem anderen zu verdanken hat als meinem viel zu früh verblichenen Vater Karl Heinrich Scheibner.

Beweis 1: Mein Vater ist der Erfinder der Küchenmaschine. Ich erinnere mich noch sehr genau an jenen 3. Advent 1946, als meine Mutter in der Ein-Zimmer-Mehr-Familien-Wohngarage mit Kochnische und Drei-Etagen-Schlafturm, in welcher wir damals lebten, eine Vanille-Zucker-Mondamin-Schlagsahne herstellen wollte. Sie verwendete zum Schlagen eine aus dem Krieg gerettete Gabel. Die cremige Masse war jedoch durch kein noch so kräftiges Gabelschlagen zu bewegen, sich in Schaum zu verwandeln.

Mein Vater saß mit gerunzelter Stirn daneben. Plötzlich, man konnte es ihm ansehen, ereilte ihn ein Geistesblitz. Er holte einen alten Messingdraht aus der Werkzeugkiste, bog ihn über Kreuz, so daß etwas wie ein Quirl entstand, steckte ihn in die alte, vor dem Krieg gerettete Bohrmaschine und bat meine Mutter, den Topf festzuhalten. Dann hielt er die Bohrmaschine über den Topf, steckte den Quirl in die Vanillecreme und drückte auf den Knopf.

Im nächsten Augenblick klebte die Vanillecreme an der Küchenwand, weil die ca. 8000 Umdrehungen/Min. der alten Bohrmaschine für ein Küchengerät wohl doch etwas zu schnell waren. Diese gewisse Anfangsschwierigkeit überwand er jedoch schnell durch geschickte Quirl-Haltung – und bald kamen sämtliche Hausfrauen der Nachbarschaft zu uns, um sich ihre Kartoffelpürees, Kuchenteige usw. schlagen zu lassen. Bis zur Entwicklung der modernen Multimixgeräte, wie sie heute wieder von Tausenden liebevoller Ehemänner ihren Frauen zu Weihnachten geschenkt werden, war es nur noch ein kleiner Schritt.

Beweis 2: Mein Vater ist der Erfinder der Ölheizung. Er machte seine Erfindung im Winter 1944 – während eines dreitägigen Fronturlaubs. Auf bis heute nicht geklärte Weise war er in den Besitz von drei Kanistern Dieselkraftstoff gekommen. Als er aus dem glorreichen Feldzug nach Hause kam, fand er seine Familie steifgefroren im Bett vor – es gab keine Kohlen mehr, und sämtliche Möbel waren schon verheizt. Da dachte mein Vater kurz nach, nahm einen alten Wasserkasten samt Wasserrohr vom Klosett und befestigte ihn über dem Küchenherd. Das Rohr kniff er unten so weit zusammen, daß nur noch Tropfen herauskommen konnten. Dann füllte er den Dieselkraftstoff in den Wasserkasten und entzündete die Tropfen, die in den Herd tropften: Die Ölheizung war erfunden. Bis zu den heutigen thermostatgesteuerten Brennern war es dann kein weiter Weg mehr. Zwei- oder dreimal explodierte unser Herd, weil sich wohl Gase gebildet hatten. Aber die Explosionen waren wir aus dem Krieg gewohnt. Und Erfinder-Kinder müssen solche Risiken eben auf sich nehmen.

Beweis 3: Mein Vater ist auch der Erfinder des pädagogischen Spielzeugs. Er erfand das erste pädagogische Spielzeug, die dampflose Dampfmaschine. Weihnachten 1946 stand unter dem Tannenbaum für mich etwas für jene Zeit absolut Unvorstellbares: eine Dampfmaschine. Die hatte mein genialer Vater selbst gebaut! Jawohl! Aus einem alten Stück Eisenrohr (das war der Dampfkessel), einem Schwungrad (irgendein Autoteil) und einem Otto-Motor-Ventil. Die Maschine war erst am Heiligen Abend fertig geworden. Wir heizten sie an und warteten gespannt: Die Maschine regte sich nicht. Mein Vater sagte, der Dampfdruck reiche nicht aus. Wir müßten eine andere Lösung suchen. Das war schon die erste pädagogische Wirkung der Maschine. Mein Vater holte eine Preßluftflasche mit sechs atü Preßluft und schloß sie an den Kessel an. Dann öffnete er das Ventil. Die Maschine raste los. Es zischte, knallte, krachte, als würde das Haus auseinanderfliegen. Meine Mutter lief schreiend aus dem Zimmer, mein Vater und ich warfen uns in Deckung auf den Boden.

Von jenem Jugenderlebnis rührt noch heute meine tiefe Skepsis gegenüber allem technischen Fortschritt im allgemeinen und Kraftwerken im besonderen. Die erzieherische Wirkung des pädagogischen Spielzeugs, das mein Vater erfunden hatte, ist also voll zur Geltung gekommen.

Manchmal geniert man sich richtig ...

Draußen räumten die Tannenbaumverkäufer schon die restlichen Tannen weg. Es war ziemlich leer in den Straßen und auf dem Bahnhof. Und kalt. Da kam Robert, genannt der Doktor, in die kleine Kneipe neben dem Bahnhof. Er stellte seine Plastik- und Jutebeutel neben die Theke und bellte mit seiner rauchigen Stimme:

Nur mal kurz aufwärmen, Chef. Ich bin nicht besoffen – auf Ehre ... Muß nur mal meine Frostbeulen reiben ... Wenn noch Herrschaften kommen in deine Kneipe, mach ich sofort die Mücke. Was sagst du, Chef? Ob ich ein Bier und Frikadelle? Weil Weihnachten ist? Du bist ja das Christkind, Kurt. Danke. Ich sag es auch nicht weiter ... Bitte? Was mit meinem Kumpel Herbert is? Hast das nicht gelesen. Stand in der Zeitung. An der Alster da unten ist er liegengeblieben. Kaltgemacht sozusagen. Aber von der Kälte. Soll aber ein schöner Tod sein. Hat mir einer erzählt.

Zuerst ist das ne ganze Zeit ein bißchen ungemütlich. Aber dann kommt ein Punkt, da wird es richtig mollig. Fängst du richtig an zu schwitzen und reißt dir die Klamotten vom Leib.

Bloß n bißchen kurz. Zwei, drei Minuten und dann ist das vorbei. Dann schläfst du ein. Für immer. Aber: hast das zuletzt noch mal richtig schön warm gehabt. Ist doch auch was.

Sie hatten Herbert nämlich den Schlafsack verweigert – genau wie mir. Hier, hab ich immer bei mir – das Schreiben von der Behörde. Original „*... da ein Schlafsack zum Hausrat zu rechnen ist. Dieser wiederum* *setzt einen festen Wohnsitz voraus. Mit der Bezuschussung eines Schlafsackes für Obdachlose würde das Nächtigen im Freien behördlicherseits unterstützt, was abzulehnen ist ...“* Naja, das haben die sich gut überlegt da auf dem Amt. Die meinen das ja bloß gut mit uns. Wenn du nämlich einen Schlafsack hättest, könntest du ja nie diesen wunderbaren warmen Abgang kriegen wie Herbert. Mit Schlafsack kannst du ja praktisch nie erfriern, so daß du nie in den Genuß von so einem molligen, gemütlichen Tod kommst. Was is, Kurt? Einen Korn krieg ich auch noch? Du bist ja der Weihnachtsmann. Aber nicht, daß du denkst, daß ich trinke ...

Also hab ich mir schon überlegt: wenn ich einen Schlafsack haben will, muß ich mir ne Wohnung mieten. An und für sich ja kein Problem. Die Zeitungen stehen ja voll davon. Hier guck mal:

Einzimmer-Wohnung, 29 qm, 500 Euro kalt, 1500 Euro Courtage – mit Saunabenutzung. Also rein finanziell kein Problem. Bloß „Saunabenutzung“ das lehn ich ja aus moralischen Gründen ab ... Oder hier: Eineinhalb-Zimmer-Wohnung, Nähe Stadtpark, 45 qm, 980 Euro, nur 2500 Euro Vorauszahlung, Vorstellungstermin Samstag zwischen 14 und 18 Uhr. Also: die hätte ich genommen. Nähe Stadtpark, ist ja ideal. Aber „Vorstellungstermin“ Samstag zwischen 14 und 18 Uhr, da bin ich doch verhindert. Da gibt es doch immer die Suppe in der Mission. Nicht, daß ich darauf angewiesen wäre – aber wenn ich nicht komm, sind die immer gleich beleidigt ... Aber du siehst: keine Schwierigkeit, ne Wohnung zu kriegen. Unsereiner ist eben leider zu anspruchsvoll ...

Aber interessant ist es ja trotzdem: früher, da war unsereiner noch eine Ausnahmeerscheinung. Heute kriegst du manchmal keinen Platz mehr am Bahnhof. Alles neue Kollegen. Und jeden Tag werden das mehr. Richtig unheimlich ist das, Kurt. Und das geht um den ganzen Erdball rum. Überall immer mehr von uns. New York und London und Rom und Marseille und Bangladesh.

Mir hat einer gesagt: Wir sind schon eine ganze große Armee. Die Armuts-Armee auf den Straßen der Welt. Für mich persönlich ist das ja eine positive Entwicklung. Ja, ein Bier nehm ich noch an, Kurt. Und er hat zu mir gesagt: Wir sogenannten Obdachlosen, wir sind vielleicht ganz wichtig für die Umwelt. Weil: wir sind ja die einzigen, die keine Müllprobleme machen. Wir haben kein Auto, sagt er, das die Luft verpestet, kein Rasierschaumspray für das Ozonloch, keine Spülmittel, die das Abwasser kaputtmachen. Im Gegenteil: unsereiner baut den Müll sogar ab.

Das ist ja ein Segen, sag ich dir, daß die Leute ihren Müll heute schon immer vorsortieren: nach Plastik und Papier – und Öko-Müll. Also grade jetzt zu Weihnachten, ist ja das reine Paradies.

Da brauchst du in eine grüne Tonne nur noch so reinzufassen. Das kannst du meistens alles schon einfach so wegfressen. Ja, ich sag immer: manchmal geniert man sich richtig, wie gut einem das geht.

Oha, Kurt, da kommen Herrschaften in deine Kneipe. Verdrück ich mich lieber. Fröhliche Weihnachten, Alter – und immer Kopf hoch.

Oma Reimer kauft einen Weihnachtsbaum

Oma sucht nach einem Weihnachtsbaum.
Doch sie sagt, daß sie mit ihrer Rente
einen Weihnachtsbaum sich kaum
leisten könnte.

Oma macht sich also auf die Reise.
Oma fährt drei Tage durch die Stadt.
Bis sie in bezug auf Christbaumpreise
eine Marktverhaltens-Analyse hat.

Oma sieht beim Händler gegenüber
einen Baum von trauriger Gestalt.
(Es geniert sich wegen dieser Krüppelkiefer
sicherlich der ganze Wald.)

Oma sieht, wie Leute ihn betrachten.
Und wie jeder ihn beiseite stellt.
Ach, was schief ist und was schlecht gewachsen,
findet keine Freunde auf der Welt.

Armer Baum, denkt Oma traurig, keiner
hat ein Herz, du krummes Holz, für dich.
Also kauft sie selbst ihn, Oma Reimer.
Sowohl freudig als auch ärgerlich.

Und natürlich ist er viel zu teuer.
Oma schimpft bis zum Silvestertag:
Bild dir bloß nicht ein, du Ungeheuer,
daß dich Oma leiden mag!

Mein schönstes Fahrrad

Manchmal merke ich doch, daß ich eine Frau geheiratet habe, die – ich will mal sagen – ganz schön viel jünger ist als ich.

Vier Wochen vor Weihnachten sagte Verena: „Franca würde sich so sehr über ein Fahrrad freuen. Sie ist zwar erst drei Jahre alt. Aber es gibt ja auch so kleine Räder für Dreijährige und Vierjährige."

„Aha", sagte ich, „wachsen die dann mit, die Fahrräder – oder gibt's jedes Jahr ne neue Größe?"

„Natürlich gibt es mehrere Zwischengrößen bei Fahrrädern. Für kleine Kinder, für Kinder, die schon zur Schule gehen und so weiter."

Da fiel mir plötzlich auf: Tatsächlich habe ich schon lange nicht mehr gesehen, daß Kinder auf Erwachsenen-Fahrrädern fahren.

„Früher", sagte ich zu Verena, „als ich noch ein Kind war, mußte man als kleiner Junge irgendwie mit Mutters Fahrrad klarkommen. Man konnte ja auf den Pedalen stehen und sich am Lenker festhalten. Erforderte natürlich enorme Körperbeherrschung. Ich sage dir: als Vier- oder Fünfjährige sind wir Jungen schon auf Herrenfahrrädern gefahren. Das ist die reine Artistik! Da mußt du das Fahrrad schräg legen, weil du ja unter der Stange in den Pedalen hängst. Aber wir waren so wild aufs Fahrradfahren, daß wir fast jede Akrobatik brachten."

„Ihr wart tolle Jungs", sagte Verena. „Kaufen wir nun das Kinderfahrrad?"

Aber ich war nicht mehr zu bremsen:

„Mein erstes Fahrrad hatte keine Reifen, keinen

Sattel und keine Pedale. Ich seh es noch genau vor mir: 1945 unterm Weihnachtsbaum. Mein Vater hatte den Rahmen und die Räder irgendwo in den Häusertrümmern gefunden. Dann hatte er es schwarz angemalt und so unter den Baum gestellt.

Pedale – das war ja klar – die brauchte man nicht. Es genügt der Pedalbolzen. Da klemmt man sich mit den Hacken drauf – das genügt. Einen Sattel? Wozu braucht man einen Sattel? Man kann doch im Stehen fahren. Später habe ich mir dann einen alten Schuh draufmontiert – das war ein richtiger Rennsattel.

Nur wegen der Reifen mußten mein Vater und ich uns etwas einfallen lassen. Aber am zweiten Weihnachtstag war auch das Problem gelöst: Hinten hatten wir ein altes Schiffstau in der Felge befestigt, und der Vorderreifen war eine ganz raffinierte Erfindung: Er bestand aus Sprungfedern von alten Betten, die in den Trümmern lagen. Einfach genial: der luftdrucklose Hochelastik-Sprungfeder-Stahlreifen ohne Schlauch und Ventile. Machte allerdings einen Höllenlärm, wenn man damit über das Pflaster raste!"

„Ja, wunderbar", sagte Verena, „eine interessante Jugendzeit. Aber der Krieg ist ja nun schon etwas länger vorbei. Kaufen wir nun das Kinderfahrrad?"

„Aber klar kaufen wir das Kinderfahrrad. Ich bin ja schon ruhig."

Wer nimmt Oma?

Die Frage ist doch die: Wenn Herbert und Helga Oma Pinneberg Heiligabend zu sich nehmen, dann müssen Gerda und Michael mit den Kindern zu Oma Lüneburg fahren – denn die kann man ja Heiligabend unmöglich allein lassen. In diesem Falle müßten dann Herbert und Helga Oma Pinneberg am ersten Weihnachtstag zu Gerda und Michael bringen und Oma Lüneburg nachmittags zum Kaffee besuchen. Nun sagt Michael, das sei alles dummes Zeug, weil: Herbert und Helga könnten doch die beiden Omas alle beide Heiligabend nehmen und sie am ersten Weihnachtstag an Michael und Gerda weiterreichen. Dann wär das doch alles ein Abwasch.

Aber Michael hat natürlich keine Ahnung, denn Oma Pinneberg und Oma Lüneburg zusammen: das gibt ja Mord und Totschlag. Die haben sich noch nicht einmal auf der Beerdigung von Onkel Kalli guten Tag gesagt. Alles noch wegen der Affäre von Opa Erni, also Oma Lüneburgs verstorbenem Mann, mit dieser Garderobenfrau vom Schauspielhaus. Oma Pinneberg hat doch damals gesagt, daß Oma Lüneburg selber schuld ist, wenn ihr Mann fremdgeht, weil sie mit ihrem Dünkel, da muß ja der beste Mann ... Aber das ist sowieso ne Geschichte für sich. Das Problem ist ja nun, daß Herbert sagt: er will *einmal* in seinem Leben mit Helga, seiner Frau, allein Heiligabend feiern! „Einmal nur im Leben! Und gerade *weil* wir keine Kinder haben! Ist denn das zuviel verlangt!?“ Deshalb hat er mit Helga einen

Riesenkrach gehabt. Die hat richtig geheult und hat gesagt: sie läßt ihre arme alte Mutter am Heiligen Abend nicht allein. Und auch nicht allein bei ihrem Bruder Michael, wo ihre Mutter nicht mal ein Glas Korn trinken darf! Und Weihnachten ist das Fest der Familie, hat Gerda geschluchzt, da gehören Eltern und Kinder zusammen. Und sie sei nun mal die Tochter ihrer Mutter! – „Das hab ich ja auch gar nicht bestritten!" hat Herbert wieder dazwischengerufen. Und dann wieder Helga: Er sei es ja überhaupt gewesen, der keine Kinder gewollt habe. Und das rächt sich eben Heiligabend!

Na schön, Herbert hat dann eingelenkt und gesagt: „Dann nehmen wir eben Oma Pinneberg Heiligabend zu uns, und dafür nehmen Gerda und Michael Oma Lüneburg, und am ersten Weihnachtstag machen wir Oma-Tausch. Und damit die beiden sich nicht begegnen, fahr ich mit Oma Pinneberg zur selben Zeit hier los, wie Michael mit Oma Lüneburg zu uns losfährt."

Helga hat Gerda den Vorschlag am Telefon erklärt. Aber da war Gerda, also Michaels Frau, nun ganz außer sich. Ob sie vielleicht ein Altersheim wäre. Und was sie denn überhaupt mir Helgas Mutter zu tun hat, denn die ist ja nur angeheiratet. Und Michael hätte ja auch noch ne Mutter, und die müssen sie am zweiten Weihnachtstag in Maschen besuchen. Außerdem kommt am ersten noch ihre Freundin Susanne vorbei, die frisch geschieden ist, und die kann sie unmöglich ausladen, sonst nimmt die über Weihnachten noch Schlaftabletten. Und Herbert und Helga sollten sich überhaupt schämen, denn die haben ja ein Haus und könnten alle Omas und dazu noch Onkel Otto aus dem Heim zu sich nehmen.

Na, Helga hat natürlich zurückgeschlagen: Das ist eine Unverschämtheit! Wenn Gerda nicht so ein Luxusweibchen wäre und sich trotz der vielen Kinder mit Pelzen und Schmuck behängen würde, dann bräuchten sie auch nicht mehr in dieser Genossenschaftswohnung zu hausen! Im übrigen aber: Oma Lüneburg *will* ja unbedingt dahin, wo die Kinder sind, also zu Gerda und Michael!! Wegen der strahlenden Kinderaugen, und das ist sowieso alles zum Verrücktwerden.

Ja, das ist nun der Stand der Dinge, eineinhalb Wochen vor Weihnachten. Michael sagt: „Wenn man bedenkt, daß Oma Pinneberg ja schon völlig tüdelig ist und sowieso nicht mehr mitkriegt, wo sie eigentlich ist – das ist doch richtig ein gutes Zeichen für uns alle: daß wir uns so viele Gedanken um die Alten machen. Oder?"

Veras Wunschzettel (mit fünf Jahren)

Hello, alter Weihnachtsmann,
schlepp gefälligst morgen an:
erstens so ein Shadowbat –
nen Raumanzug mit Fahrgerät,
Landeplatz und Cockpit, klar?
Und zwei Geschützen, ausklappbar.

Außerdem, Alter, komm nicht angeschneit
mit Holzbauklötzen aus Opas Zeit.
Bring die Super-Tank-Station von Playmobil
für dreihundert Mark. Ist doch wirklich nicht viel.
Noch besser von LEGO, vor allen Dingen,
die Kästen, die sie immer im Fernsehen bringen.
Meine Freunde haben das alle, ist unheimlich stark –
der Gesamtkatalog unter sechshundert Mark.

Das eine, Weihnachtsmann, sag ich dir:
Von wegen „Musketier und Grenadier“
dir gefälligst in die Haare schmier.
Sondern bring mir zu Weihnachten, wie ich dir rate:
Die Power-Rangers mit Action-Karate
bzw. was wir auch sehr lieben:
den galaktischen Shuttleboard, batteriebetrieben.

Bitte, lieber Weihnachtsmann,
schlepp keine blöde Trommel an.
Ein Magical-Keyboard fände ich stark
mit sechzig Sounds, nur zweihundert Mark.
Oder, Alter, was ich dir raten möcht:
Ein eigenes Handy fände ich echt nicht schlecht.
Das, alter Knacker, sind unsere Spiele,
und komm mir bloß nicht mit Halma und Mühle.

Hey, Rauschebart, zur Weihnachtszeit
braucht meine Schwester ein neues Traumkleid
für ihre Barbie mit rosa Spitzen
aus echter Seide, muß affengeil sitzen.
Komm bitte nicht mit Teddybär,
schaff lieber einen CD-Player her,
und zwar, das ist wohl auch nicht schwer
mit den Scheiben von Melanie und French Affair.

So, lieber guter Weihnachtsmann.
Sieh dir mal den Spielzeug-Supermarkt an.
Entweder, Alter, du wirst jetzt modern
oder verpiß dich mit Apfel und Mandelkern.
Halleluja!

Familienverhältnisse

Was ist eigentlich der Unterschied zwischen geordneten Familienverhältnissen und zerrütteten Familienverhältnissen? Ich weiß es jetzt. Zwei Gespräche mit zweien meiner Freunde haben es mir neulich klargemacht.

Mein Freund Thomas lebt in geordneten Familienverhältnissen. Auf die Frage: „Wie verbringst du Heiligabend?“, antwortete er:

„O, Schreck! Ich mag gar nicht dran denken. Natürlich kommt unsere geliebte Schwiegermutter und zieht ihre Karpfen-Show ab. Ohne Karpfen ist ja Heiligabend nicht denkbar. Aber natürlich kann kein Mensch Karpfen zubereiten – außer sie selber. Darum bringt sie ihn selbst mit und erteilt schon ab zwei Uhr nachmittags ihre Befehle in unserer Küche. Gaby, meine Frau, rennt wieder heulend durchs Haus. ‚Ich halt das nicht mehr aus! Ich halt das nicht mehr aus!‘ Um 18 Uhr kommt meine Schwester. Die ist frisch geschieden und heult natürlich auch den ganzen Abend vor sich hin. Gleichzeitig kommt Onkel Otto aus seinem Altersheim an. Der ist sofort beleidigt, weil Gaby ihm immer ein Handtuch unterlegen will, wenn er sich auf einen Stuhl setzt. Meine Tochter Claudia bringt ihren Verlobten mit – einen unausstehlichen Versicherungsvertreter. Der redet den ganzen Heiligen Abend nur von Versicherungen und wie er den Heiligen Drei Königen eine Reiseversicherung angedreht hätte. Ich sitz dabei und frag mich die ganze Zeit, warum ausgerechnet meine Tochter an so einen Schmalspurheini geraten konnte.

Vorher am Nachmittag muß ich aber noch zu meinen eigenen Eltern fahren, weil da ihre Familie sich Heiligabend um sie versammelt. Da treff ich dann meinen Schwager Volker mit meiner Schwester Irmi. Er protzt wieder von seinen Geschäftserfolgen und daß sie sich jetzt zu ihrer Yacht noch eine zweite Urlaubswohnung im Tessin gekauft haben. Meiner Mutter, die schon halb blind ist, schenken sie eine Damen-Rolex zu 3 000 Euro. Dann sind noch ihre adrett gekleideten Biester dabei – also die fünf- und siebenjährigen Kinder – die schlagen das halbe Mobiliar kurz und klein, weil man ihnen nichts verbieten darf. Ich besauf mich jedes mal und komm dann in dem Zustand zu meiner eigenen Familie zurück. Gaby fängt an zu heulen: Warum denn Heiligabend alle nur an sich selbst denken, huuuu, huuuu, huuuu!“

Ja, soweit also Thomas. Mathias dagegen lebt in zerrütteten Familienverhältnissen. Er sagt auf die Frage „Wie verbringst du Heiligabend?“

„Ach weißt du – seit ich meine Frau verlassen habe und allein lebe, ist eine herrliche Ruhe in meine Seele eingekehrt. Nirgends darf ich mich sehen lassen. Für alle bin ich der Unhold. Maren, meine Geliebte, ist von ihrer Familie ebenfalls verstoßen worden, weil sie ja eine Mutter mit zwei Kindern unglücklich gemacht hat. Also sind Maren und ich Heiligabend ganz allein zusammen. Es ist so still und feierlich bei uns – wie ich es in geordneten Familienverhältnissen noch nie erlebt habe.“

Alfreds prima Weihnachten

„Na, Alfred, wie war denn dein Weihnachten?“ wurde Alfred von seinen Kollegen gefragt.

„Prima“, sagte Alfred. „War n prima Weihnachten.”

Und nach einigem Überlegen fügte er hinzu:

„Der Weihnachtsbaum hat gebrannt. Tapete und Gardine haben Feuer gefangen. Ich hab drei Eimer Wasser dagegen geklatscht. Das Wohnzimmer ist hin.“

„Ich denk, dein Weihnachten war prima?“

„Ja, würde ich sagen. War n prima Weihnachten, war das.“

Und nach einem Augenblick fügte Alfred hinzu:

„Natürlich ist Gisela am ersten Weihnachtstag abends wieder zu ihrer Mutter gerannt. Sie wollte im Fernsehen irgend so n Film sehen: Drei Männer und ein Baby – also so n Schwachsinn. Da hab ich auf n anderes Programm umgeschaltet. Das war ihr nicht recht. ‚Du interessierst dich nie für n bißchen Kultur, weil du nur Stroh im Kopf hast!‘ – und solche Sprüche. Naja – als ich dann kurz mal den Tisch umgekippt hab, hat sie ihre Handtasche genommen und ist rausgerannt. Ich hab ihr noch den Mülleimer hinterhergeworfen. ‚Ist ne Gelegenheit, daß du den endlich mal ausleerst.‘ Seitdem ist sie weg.“

„Ach! Und trotzdem prima Weihnachten?“

„Ja, würde ich sagen. Prima Weihnachten.“

Und nach einem weiteren Augenblick des Überlegens:

„Den Notarzt hab ich geholt. Wegen meinem Sohn. Ich hab ihm so eine gescheuert, daß er durch die Glastür geflogen ist. Soll ich mich von meinem eigenen Kind ‚Obertrottel' nennen lassen? Bloß, weil ich angeblich seinen neuen Videorecorder kaputtgemacht haben soll. Dabei hatte ich bloß versucht, so ne Platine da hinten mit dem Lötkolben zu reparieren. Morgen besuch ich ihn mal im Krankenhaus."

„Aber Mensch, Alfred – wieso war das denn ein prima Weihnachten?"

„Ganz einfach. Mann soll Weihnachten mit dem Schlimmsten rechnen. Allein dreitausend Ehescheidungen werden über Weihnachten ausgelöst. Regelmäßig jedes Weihnachten Familientragödien am laufenden Band!

Naja, da hab ich mir gesagt: Alfred, wenn du es geschafft hast, deine Frau nicht gleich umzubringen oder den ganzen Wohnblock in Schutt und Asche zu legen – und überhaupt, daß du Weihnachten lebendig überstanden hast, kannst du doch zufrieden sein. Nee, laß man gut sein: War n prima Weihnachten, war das."

Eingewickelt in Gedanken

Also das mit dem Müllproblem kann man ja viel eleganter lösen. Das hat mir Verena im vorigen Jahr gezeigt.

Sie hielt mir ein paar wundervolle Taschentücher hin und sagte.

„Fröhliche Weihnachten. Ich denke, die kannst du brauchen."

„O, danke", sagte ich, „gib her."

Aber Verena zog sie wieder weg und sagte:

„Halt, doch nicht einfach so. Du mußt sie doch erst noch auswickeln."

Ich sagte: „Wieso auswickeln? Die sind doch gar nicht eingewickelt!"

„Nein, nicht wirklich. Wegen des sinnlosen Verbrauchs an Einwickelpapier. Aber du könntest es dir doch vorstellen."

„Ach so", sagte ich. Ich bin ja bei meiner Frau an allerlei seltsame Gebräuche gewöhnt. „Aber wie denn bitte? Wie sind sie denn eingewickelt?"

„Das wollte ich dir ja gerade erklären. Ich habe dir diese Taschentücher eingewickelt – in Gedanken. In gedachtes Geschenkpapier."

„Ach so", sagte ich. „Netter Einfall. Dann denk ich mir also jetzt das Papier wieder weg und hab die Taschentücher ..."

„Langsam, langsam. Du kannst doch noch gar nicht sehen, daß es Taschentücher sind. Also paß auf: Ich habe dir dein Geschenk in einen grünen Karton gelegt und ihn innen mit rotem Samtpapier ausgeschlagen. In Gedanken, verstehst du. Der Karton hat einen gedachten Deckel und ist mit einem gelben Aufkleber versiegelt. Dann habe ich den Karton noch in Gedanken in weißes Seidenpapier gewickelt und danach noch in wunderschönes gedachtes Silberpapier. Siehst du es?“

„Nee“, sagte ich. „Das heißt – doch, ich kann’s mir vorstellen.“

„Also. Um das Silberpapier habe ich hier noch ein Bändchen aus grün gefärbtem Hanf gebunden und mit der Schere in Spiralform gebracht.“

„In was, bitte?“

„In Spiralform.“

„Ach so, ich dachte – in Gedanken.“

„Ja, in Spiralform in Gedanken. Und oben drauf dachte ich mir dies rote kleine Herz aus Holz. Hübsch, nicht?“

Wir blickten beide auf die uneingewickelten Taschentücher und sahen trotzdem beide ein kleines rotes Herz aus Holz.

„O ja“, sagte ich. „Ach, das sieht ja gut aus. Denke ich mir so.“

„Na bitte“, sagte Verena. „Und nun wickel es aus.“

„Wie das jetzt? In Gedanken? Auf einmal oder wie?“

„Natürlich einzeln. Von außen nach innen. Umgekehrt wie ich es eingewickelt habe.“

Originell, nicht wahr?

„Ah ja, gut“, sagte ich, „dann entferne ich also erst mal das rote Holzherz. Richtig?“

Verena nickte zustimmend.

„Und jetzt knüpfe ich das rote Hanfbändchen hier auf …“

„Bist du farbenblind? Das grüne Hanfbändchen.“

„Ach so, ja natürlich. Sieht man doch deutlich. Wie komm ich auf rot?“ Ich wickelte in der Luft umher. „Hier, halt mal,“ sagte ich und gab ihr ein grünes Hanfbändchen, das ich gar nicht hatte. „Und jetzt wickel ich das Silberpapier ab und öffne den grünen Karton ...“

„Nein“, lachte Verena. „Das geht doch gar nicht.“

„Wieso denn nicht? Warst du so in Gedanken, daß du vergessen hast, ihn zuzumachen?“

„Nein, mein Lieber. Aber das weiße Seidenpapier ist doch noch drum. Was man sich mal gedacht hat, ist auch da.“

„Oha. Ja, also das Seidenpapier. Hier, halt mal. Aber jetzt öffne ich den Karton, ja? Ich muß natürlich erst noch den gelben Aufkleber entfernen, ist klar.“

„Bitteschön.“

Ich öffnete in Gedanken einen grünen Karton und war total überrascht:

„Ach, wie wunderbar. Das sind ja Taschentücher. Da wär ich nie drauf gekommen.“

„Freust du dich?“

„Und wie, mein Schatz. Du weißt genau: ich habe viel zu wenige davon, weil ich sie immer verliere. Aber, mal unter uns ...“ (Ich kann nämlich auch ziemlich verrückt und daneben sein) „... sag mal, ist es eigentlich nötig, daß du Geschenke immer dreifach und vierfach einwickelst? Das viele Papier und die Bändchen, die werden doch hinterher sowieso nur weggeworfen. Belastet doch alles die Umwelt.“

„Ja und?“ sagte Verena. „Interessiert mich doch nicht. Wirf es einfach alles in den Mülleimer.“

„In den gedachten?“ fragte ich.

„Nein, natürlich in den wirklichen Mülleimer. In Gedanken. Der quillt schon mal wieder über in Gedanken."

Ja, so ist sie. Meine kluge, ökologisch bewußt lebende Frau.

Ich sagte: „Komm, Liebling, laß dich küssen!"

Sie strahlte und hielt mir ihre Lippen entgegen.

Ich wollte sagen: „Ist schon geschehen – in Gedanken." Aber das überlegte ich mir schnell.

Es gibt Tätigkeiten, bei denen ist die Wirklichkeit von keiner noch so starken Phantasie zu erreichen.

Die Fälschung

Ach, Wolfgang hatte sich so gefreut über das Geschenk, das er für seine Monika gefunden hatte. Er konnte es kaum aushalten, bis er es ihr endlich überreichen durfte:

„Fröhliche Weihnachten, mein Schatz. Pack aus! Pack es aus!"

Monika war voller Vorfreude. Sie strahlte und sagte:

„Aber Wolfgang, mein Wölfi. Du brauchst mir doch gar nichts zu schenken. Du weißt doch: deine Liebe genügt mir. Du sollst nicht immer soviel Geld ausgeben." Dabei fing sie an, das Paket auszuwikkeln.

Und dann war es so weit:

„Nun, was sagst du?" fragte Wolfgang aufgeregt.

Monika sah auf das Geschenk, dann auf ihren Wolfgang, dann wieder auf das Geschenk. Sie war entzückt, sie war wirklich begeistert:

„Nein", rief sie, „Wolfgang! Eine echte! Ein echte Louis Vuitton! Eine echte Louis Vuitton! Ich werd verrückt! Ja, bist du denn des Teufels! Die ist doch unbezahlbar. Das können wir uns doch gar nicht leisten. Soviel Geld! Nein, das darfst du nicht. Das kann ich nicht annehmen." Sie stellte die Tasche wieder auf den Tisch und machte ein so reizend empörtes Gesicht, daß niemand es gewagt hätte, ihr die Tasche wieder wegzunehmen.

„Freust du dich oder freust du dich nicht, mein Schatz?" fragte Wolfgang.

„Ja, ja", ich freue mich. „Das ist gaaaaanz süß von

dir. Aber der Preis! Wir müssen doch die Rate für den Wagen ...“

„Also, du freust dich?“ Wolfgang wollte ganz sicher gehen.

„Ja, sag ich doch“, flötete Monika, „aber ...“

„Pssssst,“ machte Wolfgang und legte Monika den Finger auf die Lippen. „Dann verrate ich es dir. Ich spreche ja sonst nie über den Preis bei Geschenken. Aber damit du dich ohne alle Bedenken freuen kannst, will ich es dir verraten: ich habe ein tolles Angebot erwischt. Ladenausverkauf wegen Liquidierung. 150 Euro Preisnachlaß, stell dir das mal vor!“

Nun hatte Wolfgang wohl mindestens erwartet, daß Monika ihm um den Hals fallen würde. Aber die ... es war, als wenn plötzlich ein grauer Schleier über ihr Gesicht fiel:

„So, so“, sagte sie – in mauligem Tonfall – „dann ist es also eine Fälschung. Aber macht ja nichts. War ja gut gemeint.“

Wolfgang konnte ihr nicht folgen.

„Wieso denn Fälschung? Wie kommst du denn darauf?“

Monika hatte plötzlich viel zu tun. Die Teller auf dem Tisch mußten zurechtgerückt, die Gläser noch einzeln überprüft werden.

„Naja, das weiß doch jeder“, sagte sie so gleichgültig wie nur möglich. „150 Euro billiger. Dann kommt es aus Hongkong, aus Singapur, aus Kuala Lumpur oder aus Japan.“

„Aber nein!“ rief Wolfgang entsetzt. „Sieh dir doch das Material an. Was soll denn daran gefälscht sein?“

„Tss“, machte Monika und lächelte leicht verächtlich, „das ist es ja gerade. Die fälschen so perfekt: noch nicht mal der Fachmann kann es erkennen. Nicht mal der Wissenschaftler im Labor. Und wenn ich schon eine Louis-Vuitton-Tasche habe, dann …“ Ein Schluchzen stieg ihr in die Kehle. „Dann will ich nicht mit einer Fälschung rumlaufen!“ Sie tippte mit einer Serviette an ihre Augen, als wollte sie Tränen abwischen.

„Augenblick mal!“ rief Wolfgang. Jetzt hatte er die ganze Wucht des Geschehens erst begriffen.

„Augenblick mal! Du sagst, es ist eine Fälschung, aber keiner kann es feststellen!“ Und triumphierend rief er: „Ich habe mich doch extra erkundigt. In der Tasche befindet sich ein Zertifikat!“ Er öffnete die Tasche und hielt eine Urkunde in die Höhe.

„Das ist auch gefälscht!“ sagte Monika. Sie war jetzt schon sehr stark mit Blumen-zurecht-rücken und Stühle-ordentlich-hinstellen beschäftigt. Die Sache war für sie erledigt.

„Ach, daran kann man es erkennen?“ rief Wolfgang. „Am gefälschten Zertifikat?“

„Nein“, sagte Monika fast schon gequält, „daran kann man es auch nicht erkennen. Das ist genauso perfekt gefälscht wie die Tasche.“

Wolfgang wurde irgendwie schwindlig.

„Ach nein!“ rief er. „Aber es *ist* eine Fälschung!“

„Wolfgang, überleg doch mal“, ließ Monika sich herab, „150 Euro billiger. Mit Männern kann man so was ja machen.“

Wolfgang fühlte, wie seine Temperatur stieg:

„Es war eine Liquidation! Ein Ladenausverkaufsangebot!“

„Ach, Wolfgang“, Monika ließ ihn seine ganze männliche Naivität spüren, „solche Sachen gibt es nicht als Schnäppchen. Da ist immer etwas faul.“

„Entschuldige bitte, Du kannst nicht erkennen, daß es eine Fälschung ist, nicht wahr. Und niemand anders kann es erkennen?“

„Der Preis ist der Beweis!“ rief Monika und rauschte aus der Tür des Wohnzimmers in Richtung Küche.

Wolfgang hinter ihr her:

„Aha! Wenn ich also 150 Euro mehr bezahlt hätte, dann wäre es ein Original für dich, oder?“

Er glaubte, jetzt hätte er sie festgenagelt.

Aber Monika nahm fünf Teelöffel aus der Geschirrschublade und sagte geradezu mitleidig:

„Da habe *ich* ein Gefühl für.“

„Dann hör mal zu“, rief Wolfgang. Er holte zum entscheidenden Schlag aus: „Ich *habe* ja den vollen Preis bezahlt. Das mit dem Ausverkaufsangebot habe ich nur erfunden, damit du dich ohne Bedenken freuen kannst!“

So. Jetzt hatte Wolfgang ja wohl gesiegt!

Aber Monika trug die Teelöffel ins Wohnzimmer und sagte:

„Armer Wolfgang. Läßt sich eine Fälschung andrehen und zahlt auch noch den vollen Preis.“

Da nahm Wolfgang die Louis-Vuitton-Tasche, sprang ins Treppenhaus, warf die Tasche in den Müllschlucker, sank auf den Treppenabsatz und weinte.

Wenn möglich, bitte wenden!

Haben Sie auch schon so eine Navigatorin im Auto? Oder einen Navigator? So etwas Schönes, sage ich Ihnen. Und genau das richtige Weihnachtsgeschenk für ihren lieben Mann.

Man braucht keine Straßenkarte mehr, man tippt sein Ziel ein – und wird wie im Traum dorthin geführt, wohin man will: „Nach der zweiten Querstraße links abbiegen“, sagt eine zauberhafte Frauenstimme. Wenn man von zu Haus losfährt und das Ziel in 600 km Entfernung in Frankfurt, Steinstraße 14, schon eingestellt hat, gibt einem diese zauberhafte Frau von Anfang an die richtigen Anweisungen. Es beginnt schon in der Straße, in der man wohnt. „Nach 50 Metern bitte links abbiegen!“ Stellen Sie sich mal vor, so was hätte früher Ihre Frau zu Ihnen gesagt. In der eigenen Straße. „Achtung, du mußt gleich links abbiegen.“ Da hätten Sie sie natürlich gefragt: „Glaubst du, ich bin bekloppt oder was? Glaubst du, ich weiß nicht, wo ich wohne?“ Aber die eigene Frau sagt so etwas ja auch nicht so souverän, so einfühlsam. Ich warte immer schon auf diese zauberhafte Stimme. „Nach 100 Metern bitte links abbiegen.“

Und das Schönste, wenn man ihr mal einfach nicht gehorcht, einfach mal mutwillig gradeaus weiterfährt – ja, dann ist sie nicht beleidigt, dann fängt sie nicht an zu meckern, wie man es gewohnt ist: „Ich hab doch gesagt, du sollst hier links abbiegen. Schläfst du eigentlich schon wieder?!“ – Nein, sie bleibt ganz ruhig, redet nicht gegen an, sondern rechnet blitzschnell aus, wie es weitergeht, wenn ich nicht links abgebogen bin. Kein Vorwurf in ihrer Stimme. Sie gibt einfach die nächste Anweisung: „An der nächsten Kreuzung bitte rechts abbiegen."

So freundlich, so angenehm sachlich. Manchmal bilde ich mir schon ein, ich wäre wirklich mit ihr verheiratet. Dadurch erlaube ich mir dann allerdings auch schon mal einen etwas schrofferen Tonfall. Manchmal begeht sie nämlich kleine Fehler. Sie will zum Beispiel immer, daß ich stur auf der B5 bleibe, wenn ich über die Elbbrücken fahren will. Hat noch nicht mitbekommen, daß es da inzwischen so eine Autoschnellstraße als Abkürzung gibt. Sie sagt also immer noch: „Jetzt scharf links abbiegen und der B5 weiter folgen." Und da habe ich ihr mal geantwortet: „Meine Güte noch mal, du dumme Nuß, wann lernst du das endlich, daß es falsch ist, hier weiter auf der B5 zu fahren!" Also richtig so, wie man eben mit seiner eigenen Frau sprechen würde, ist ja ganz normal. Aber sie, die Navigationsdame, steckt den Rüffel wortlos ein und sagt schon ein paar Sekunden später sehr, sehr freundlich:

„Bitte folgen Sie weiter dem Straßenverlauf."

Fehlt nur noch, daß sie sich entschuldigt.

Auch wunderbar, wie sie immer alles wiederholt, je näher man einer Richtungsänderung kommt. Erst sagt sie: „Demnächst bitte rechts abbiegen!" Auf der Autobahn zum Beispiel. Dann ist man noch zwei Kilometer von der Abbiegung entfernt.

Einen Kilometer vorher sagt sie es dann noch mal: „Nach einem Kilometer erste Ausfahrt rechts abbiegen." Und dann bei 300 Metern noch mal: „Nach dreihundert Metern bitte rechts abbiegen." Und wenn man dann direkt an der Abzweigung ist, sagt sie es zum dritten oder vierten Mal: „Jetzt rechts abbiegen!“ So fürsorglich, großartig. Klar, wenn einem früher die eigene Frau so auf die Nerven gegangen wäre: „Da kommt bald die Ausfahrt ... Paß auf, noch ein Kilometer, dann mußt du rechts abbiegen ... Jetzt, Hans, jetzt rechts abbiegen, das ist die Ausfahrt ...“, meine Güte nochmal, dann hätte man sie wahrscheinlich aus dem fahrenden Auto geschubst.

Aber es ist eben auch ein Unterschied, ob man von der eigenen Frau genervt wird oder ob man eine Dame für eintausendfünfhundert Euro im Auto hat, die einem ganz allein gehört.

Aber der Vergleich mit der eigenen Ehefrau ist wohl auch gar nicht so richtig. Mir ist es ja trotz der zauberhaften Stimme und ihrer freundlichen Anweisungen schon passiert, daß ich die Autobahnausfahrt verpaßt habe. Ich träume manchmal. Ich bin dann einfach so in Gedanken. Aber auch dann gerät die zauberhafte Dame nicht in Panik oder schreit mich an. Dann sagt sie mit ihrer zauberhaften einfühlsamen Stimme – mitten auf der Autobahn:

„Wenn möglich, bitte wenden.“

Alle haben Kinder lieb

„Persönlich hab ich Kinder furchtbar gern,“
sagt der Hausbesitzer, „doch Sie müssen auch verstehn:
Kinder machen einfach zuviel Schmutz
und zuviel Lärm!
Als Vermieter muß ich Kinder mehr als Kündigungsgrund sehn.
Doch persönlich, meine Herr’n
hab ich Kinder furchtbar gern.
Wenn sie spielen, wenn sie toben,
wenn sie ausgelassen sind,
wär ich gern noch selbst ein Kind.
Und vom Lärm mal abgesehn
find ich Kinder angenehm
aber leider so beim Spiel
lärmen sie doch viel zu viel.
Packt doch einfach alle Kinder schön in
Plastiktüten ein,
denn dann können sie nicht mehr schrein ...“

Der Politiker hat Kinder auch sehr lieb.
„Unsre Zukunft liegt ja schließlich in dem Kind.
Was mich allerdings doch immer sehr betrübt:
daß die Kinder nicht als Wählerstimmen
zu gebrauchen sind.
Würden mich die Kinder wählen,
könnten sie auch auf mich zählen.
Wenn sie spielen, wenn sie toben,
wenn sie ausgelassen sind,
wär ich gern noch selbst ein Kind.

Von den Kosten abgesehn
find ich Kinder angenehm.
Aber immer diese Plage
mit der Kindergartenfrage.
Kinder dürften als Erwachsne kommen erst
auf diese Welt,
denn dann spart der Staat viel Geld ..."

Und ein Rentner: „Müssen Kinder wirklich sein?
Kinder haben es doch heute alle viel zu gut.
Dreckig sind sie und dann überall die Wändeschmiererein.
Wenn ich Kinder seh, dann krieg ich schon die Wut.
Kinder wären ja zu zügeln,
doch man darf sie nicht mehr prügeln.
Wie sie toben, wie sie schreien, wie sie unausstehlich sind.
So warn wir doch nicht als Kind!
Uns hat man ja noch geschlagen,
und das haben wir gut vertragen.
Wir warn nicht so frech als Kind
und so laut wie die heut sind.
Sperrt doch einfach alle Kinder
in die Gummizelle ein.
Denn dann können sie nicht mehr schrein ..."

Ohne Kinder wäre Weihnachten nicht schön.
Wenn sie sonst das ganze Jahr auch
eigentlich nur störn.
Aber Weihnachten, da wolln wir
ihre Kinderaugen sehn,
weil sie wie die Weihnachtskringel
irgendwie dazu gehörn.

Frecher Lümmel, dummer Bengel –
plötzlich sind sie alle Engel.
Kinderhasser, böse Onkels, Weihnachten bei Kerzen-
schein
lieben sie die Kinderlein.
Vater unterm Weihnachtsbaum
wagt es nicht, sie zu verhaun.
Nach dem Fest dann ohne Frage
sind sie wieder eine Plage.
Kinder dürft's nur Heilig Abend
geben und sofort danach:
Marsch zurück ins Tiefkühlfach ...

Der Weihnachtsmann in Nöten

Der Auftrag

Wir befinden uns im Himmel. Das muß extra betont werden, denn nach der Betriebsamkeit, die hier oben herrscht, und nach den herumliegenden Utensilien zu urteilen, könnte es sich ebensogut um die Versandabteilung eines Warenhauses handeln.

Aber da stapft auch schon der berühmte Sankt Nikolaus heran, mürrisch und finster blickt er. Er setzt sich auf eine große Kiste – und während die Weihnachtsengel Säcke und Kästen abschleppen, um sie auf den großen Schlitten zu laden, brummelt der Alte schlecht gelaunt vor sich hin:

Fast wär's vorbei mit: Alle Jahre wieder!
Der Schreck fuhr mir in alle Glieder,
nachdem sie gestern abend mich gebeten,
vor die Himmlische Kommission zu treten.
„Wir Engel von der Himmlischen Behörde,
wir haben, bevor du wieder zur Erde
dich diesmal wirst hinabbegeben,
ein ernstes Wort, Sankt Nikolaus, mit dir zu reden!"
Ich wußte nicht: was soll denn das bedeuten?
Hab meinen Dienst doch seit so langen Zeiten
stets treu getan. Hab auf den vielen Reisen
durch kalte Winter voller Eis und Schnee
Frostbeulen mir geholt und Gliederreißen.
Auch tut das ganze Jahr das Kreuz mir weh
von jenem Sack mit Mandelkern und Nüssen,
den ich die ganze Zeit hab schleppen müssen.
Der Oberengel aber sieht mich strenge an

und sagt: „Sankt Nikolaus, Weihnachtsmann,
wir denken uns, du wirst wohl selbst schon ahnen,
weshalb wir heute ernstlich dich ermahnen!"
Ich denke natürlich, der Engel spricht
von jener alten, peinlichen Geschicht –
ich bin da mal in Hamburg, drunt am Hafen
nach zwanzig Grog ein bißchen eingeschlafen
und soll, so sagt man, auf der Rückfahrt
zum Himmel,
Seemannslieder singend, mit lautem Gebimmel
auf der Milchstraße Zick-Zack gefahren sein.
Ich sage: „Verehrter himmlischer Chor –
die Sache von damals kommt nie wieder vor!
Ich trink keinen Tropfen!" Doch die sehen mich an.
„Diesmal ist es was Ernsteres, Weihnachtsmann.
Die Menschen, so heißt es von überallher,
vernehmen die Frohe Botschaft nicht mehr.
Sie hetzen, so sagt man uns, kaufen und jagen
nie schlimmer als in den Weihnachtstagen.
Statt in Freude und in Beschaulichkeit
zu erleben die Heilige Weihnachtszeit,
sind sie im Streß, wie sie das nennen.
Sie frohlocken nicht. Sie fluchen und rennen.
Fröhliche Weihnacht wünschen sie sich.
Aber alles sind sie – nur fröhlich nicht!
Frohe Weihnacht auf vorgedruckten Karten,
frohe Weihnacht auf tausend verschiedene Arten.
Von Kiel bis zum Bodensee reden sie so:
Frohe Weihnacht – aber kein Mensch *ist* froh!
Ja, viele bekennen, es wär ihnen lieber,
Weihnachten wäre schon lange vorüber!
St. Nikolaus – was habt Ihr hierzu zu sagen?"
Ich sage: „Ihr Engel, was soll ich schon sagen?

Ja, ja, sie sind jetzt ein bißchen nervös.
Ich glaube jedoch, sie meinen's nicht bös.
Sie haben so unerhört viel zu bedenken,
wem sie jenes schenken, wem sie dieses schenken,
und ...“ – „Sankt Nikolaus!“ unterbricht er mich.
„Bedauerst du die Menschen denn nicht?
Sie finden und finden keine innere Ruh.
Und schuld an diesem Übel – bist *du*!“
„Wer, ich?“ sag ich. Denn das haut mich um.
„Wieso denn ich? Ich meine: Warum?“
„Du hast ihre Habgier ohne Bedenken
noch gesteigert und ihre Sucht nach Geschenken.
Hast sie angestachelt zum Konsumieren!
Es gab eine Zeit,
da haben sie sich noch von Herzen gefreut
über Äpfel, Nuß und Mandelkern.
Sie waren zufrieden und lobten den Herrn.
Heute aber legt Nikolaus unter den Baum
Geschenke, Geschenke, man glaubt es kaum:
Autos, Handys, Rasenmäher,
Digitaluhr, Farbfernseher,
Video-Kamera und Kassetten,
Fernlenkflugzeuge, Wasserbetten,
Pelze, Yachten, Edelsteine,
Heimorgel und Fertigheime –
die teuersten, dümmsten, verrücktesten Sachen,
die sie kein bißchen zufriedener machen.
Wir müssen uns daher stark überlegen,
ob wir dich nicht – deines Amtes entheben!“

Da stand ich nun. Erstmal blieb vor Schreck –
ich hab ja auch Asthma – die Luft mir weg.
„Herr Oberengel, das muß ich bestreiten.

So schlimm ist es nun auch wieder nicht mit den Leuten.
Ich kenn gleich ein Dutzend mit Oma und Kind,
die Weihnachten wirklich noch fröhlich sind."
Drauf wieder der Engel: „Also schön. Also gut!
Damit man Sankt Nikolaus nicht unrecht tut:
Zeige uns, alter Weihnachtsmann,
wer noch zu Weihnachten fröhlich sein kann.
Wenn nur einer sagt, ohne zu zögern: Wieso?
Weihnachten bin ich ganz einfach nur froh,
so kannst du fürs erste noch deinen alten
Weihnachtsmann-Außendienst-Posten behalten.
Kommst du aber ohne die Antwort heim,
setzen wir einen anderen Weihnachtsmann ein."
Und damit entschwand die Hohe Behörde.
Da stehe ich nun. Gleich muß ich zur Erde.
Mir ist bange! Könnt es denn wirklich sein:
Kein Mensch kann sich mehr über Weihnachten freun?

Brummend und kopfschüttelnd erhebt sich Sankt Nikolaus, um seine letzten Reisevorbereitungen zu treffen.

Sankt Nikolaus im Kaufhaus

Eine Woche später suchen wir Sankt Nikolaus auf der Erde. Aber wo steckt er denn nur? Wie durch einen Zufall sehen wir ihn in Hamburg unter einer großen Brücke: ein alter Mann im roten Mantel. Verstohlen nimmt er einen Schluck aus der Taschenflasche. Trotzdem sieht er mürrisch aus. Sankt Nikolaus, was brummelst du denn da vor dich hin?

Halleluja! Das war der erste Streich.
Ein schwerer Beruf, das sage ich euch.
Ich glaube, ich brauch erst noch einen
Schluck Rum aus der Flasche. Nur einen
ganz kleinen.
Ich hoffe, hier unter dem Brückenbogen
kriegen die das nicht mit von da oben.

Oha! Die Reise vom Himmel herab
war gemütlich, aber dann plötzlich: ganz knapp
vor der äußeren Erdatmosphäre
kommt mir ein Satellit in die Quere.
Da sitzt einer drin. Der starrt mich an.
Ich begrüße ihn: „Ich bin der Weihnachtsmann",
da hör ich, er funkt zur Erde hinunter:
„Ich glaub, ich dreh durch. Schnell, schnell! Holt
mich runter!"

Fand ich gar nicht nett. Na ja – aber dann
flogen wir auch schon Hamburg an.
Johannes, mein Schimmel, steuert immer direkt
ins Freigehege von Hagenbeck.
Er kennt da ne Stute, im Freigehege.
Die nimmt ihn schon sieben Jahre in Pflege.
Ich habe natürlich immer im Sinn,
was man im Himmel mir vorgehalten hat:
Daß ich bei meiner Stellung verpflichtet bin,
einen Menschen zu finden irgendwo,
der von sich sagt: „Ich bin einfach nur froh."
Und ich komm in die Stadt. War das ein Betrieb!
Zuerst geh ich über den Jungfernstieg:
Da brannten die Lichter in hellem Schein,
da roch es nach Mandeln und Spezerein,

die ganze Stadt strahlte im Weihnachtslicht,
auch Tannenbäume fehlten nicht,
und Maria und Joseph mit Krippe und Sohn
als geschmackvolle Schaufensterdekoration.
Und ich dachte: Was wolln denn die Engel da oben?
Man kann die Menschen doch einfach nur loben,
wie sie im kleinsten Krämerladen
sich sozusagen in Weihnachten baden.
Was heißt hier: Kein Mensch könnte froh sein? Oh Mann!
Frohe Weihnachten! Steht doch überall dran!
Und die Leute umher sind ganz aufgeregt,
sie erscheinen mir feierlich frommbewegt,
als trügen sie *eins* nur in Herzen und Ohren:
Uns ist heute der Heiland geboren.
Und ich fasse mir Mut und stell meine Frage
an eine jüngere Frau und sage:
„Gestatten, Sankt Nikolaus. Wir haben ja heut
Heiligabend..." Aber sie: „Keine Zeit, keine Zeit!"
und rennt einfach weiter. Ich halt einen Mann
in einem Ledermantel an:
„Gestatten, Sankt Nikolaus!" sage ich.
„Ich möchte gern wissen: Wie fühlen Sie sich?
Wie ist Ihnen so in der Weihnachtszeit?"
Der sieht mich an, ringt nach Luft und schreit:
„Das geht ja nun wirklich entschieden zu weit –
diese ewigen demoskopischen Teste,
sogar noch zum Heiligen Weihnachtsfeste!
Mensch, laß mich zufrieden! Ich muß noch
was kaufen!"
Und schimpft noch auf mich im Weiterlaufen.
O weh! denke ich. Das fängt ja gut an.
Da begegnet mir plötzlich – der Weihnachtsmann.

Ja! Einer wie ich. Sah genauso aus.
Ich ruf: „He, Kollege, altes Haus!“
und denk noch: das ist doch wirklich schön,
daß manche Männer verkleidet gehn
als wenn sie selber der Weihnachtmann wären,
um mich, Sankt Nikolaus, damit zu ehren.
Doch der war ein seltsamer Weihnachtsmann.
Er stößt mich zur Seite und knurrt mich an:
„Hau ab, du Heini! Was willst du hier?!
Hier arbeite ich. Das ist mein Revier!“
Ich sage: „Nicht böse sein. Raten Sie mal,
wer vor Ihnen steht: Das Original.
Ich *bin* Sankt Nikolaus. Vom Himmel! Ich bin ...“
„Halt die Schnauze! Da schick ich dich gleich wieder hin!“
sagt dieser Mensch, gemein und roh.
Und ich frage: „Dann sind Sie wohl auch nicht – froh?“
„*Was* soll ich sein? Ich bin arbeitslos!!
Und nun mach schon, Freundchen! Verdufte bloß!“

Ach ja. Kaum wußte ich, wie mir geschah.
Doch als ich dann plötzlich im Kaufhaus war,
faßt ich neue Hoffnung. Der ganze Raum
war wie ein einziger Weihnachtstraum.
„O, du fröhliche!“ klang es der Menschheit zur Heilung
im Engelschor durch die Haushalts-Abteilung.
Und: „Christ ist erschienen, Gottes Sohn“,
im ersten Stock in der Herren-Konfektion,
und: „Ihr Kinderlein kommet“, so sang es gar süß
im Erdgeschoß Kinder-Spielparadies.

Da ward mir ums Herz wieder heiter.
Ich schritt durch das Kaufhaus immer weiter und weiter
und sah: welche Fülle von Kostbarkeiten!
Es müßten die Engel den Menschen beneiden,
weil es im Himmel beispielsweise
keine Nachthemden gibt zu so günstigem Preise.
Und weihnachtsfröhlich wie ich so bin,
sage ich zu der Verkäuferin:
„Fräulein, ich bin der Weihnachtsmann."
Und sie fängt gleich zu kichern an
und flüstert: „Paß auf, der Trick geht schief.
Heut hat der Warenhausdetektiv
schon sechs von deiner Sorte geschnappt.
Haben alle ganz schön was im Sack gehabt!"
Ich aber frage: „Bei der Festtagsmusik
empfinden Sie da kein Weihnachtsglück?"
„Die Musik?" fragt sie. „Alles Psychologie.
‚O Tannenbaum' macht den Zwanziger lose.
‚Stille Nacht' holt den Hunderter dir aus der Hose."
„Aber Fräulein", frage ich. „Wie ist es denn so:
Ist denn zu Weihnachten niemand hier froh?"
„Aber klar", sagt sie. „In der Direktion,
die Herren, die freun sich drei Monate schon,
weil Weihnachten und der Heilige Christ
ihnen immer ein rechtes Frohlocken ist."
Ja, ja, so war das. Ich brauch noch nen Rum aus der Flasche!
Ich also rauf – in die Chefetage.
Aber im Vorzimmer fragt eine Dame:
„Abteilung, Personalnummer, Name?"
Ich sage: „Verzeihung, ich hätte gern Bescheid:

Was empfindet der Chef so zur Weihnachtszeit?“
Da holt sie ein Blatt raus. Und darauf steht:
„Pressemitteilung. Der Umsatz geht
stark nach unten. Lohn und Material
sind gegenüber dem Vorjahresweihnachtsquartal
gestiegen. Der Abfluß durch Investitionen
hat zur Folge, daß in gewissen Regionen
Verluste anfielen, was dazu führt,
daß der Umsatz fällt oder höchstens stagniert.
Also Weihnachten: insgesamt negativ!“

Halleluja. Das war meine erste Tour.
Viel Weihnacht. Von Fröhlichkeit keine Spur.
Was soll ich bloß machen. Ist denn nirgendwo
ein Mensch, der einfach nur sagt: Ich bin froh?

Die Demaskierung

Ein paar Stunden später – o wehe: Da entdecken wir den armen alten Sankt Nikolaus in einer Imbißbude. Er kommt uns schon ziemlich abgerissen vor. Haben sie ihn überfallen? Warum ist sein Bart so zerzaust? Na, stellen wir uns doch einmal unauffällig neben ihn und hören, was er vor sich hinbrummelt:

O, Mann – ich muß mich erst mal erholen von dem Schreck. Mein armer Bart. So eine Frechheit. O, ihr Menschen, ihr ungläubigen Geschöpfe. Wenn das so weitergeht, ist es wohl endgültig vorbei mit meinem Außendienst.

Nachdem ich im Kaufhaus die erste Pleite erlebt hatte, dachte ich: Na gut, wenn die normalen Bürger nicht fröhlich sind, versuch ich's eben bei nicht ganz so normalen. Ich blätter in meinen Karteikarten. Da steht z. B.: Pfarrer Schölmann. Ja, richtig, denk ich – da muß ich hin. Aber dann fällt mir ein – so n Gottesmann, der ist ja von Berufs wegen froh – das erkennen die bestimmt nicht an da oben. Doch plötzlich hab ich die richtige Karte: Kunstmaler Matthias Querstrich. Kunstmaler, denk ich, ist gut. Die haben doch soviel für die Heilige Familie getan mit ihren vielen Bildern. Ich also hin. Steh da vor der Wohnungstür im sechsten Stock – das war so n älteres Haus, schon n bißchen baufällig. Überall standen Parolen an den Wänden – z. B. auch: „Stille Nacht / Karstadt lacht". An der Tür stand: Matthias Querstrich, visuelle Kommunikation. Und wieder so Aufkleber wie „KKW-Nee" oder „Erst stirbt der Wald, dann stirbt der Mensch" – also alles sehr sympathisch. Ich klopf kräftig gegen die Tür. Eine junge Frau macht auf. Die ist barfuß und hat so wallende Kleider an, wie eine Büßerin, will ich mal sagen. Sie guckt mich an und sagt:

„Hallo, Sie haben sich wohl in der Tür geirrt!"

„Wer ist denn da?" ruft von hinten eine Männerstimme.

„Der Weihnachtsmann", sagt die Frau. So ein bißchen albern. Und zu mir sagt sie: „Na, was wollen Sie uns denn verkaufen?!"

Ich sag natürlich meinen Spruch auf:

„Von drauß' vom Walde komm' ich her,
ich muß euch sagen, es weihnachtet sehr."

„Das kann man wohl sagen“, lacht sie bissig, „Weihnachten ist die totale Profit-Orgie der kapitalistischen Wohlstandsgesellschaft!“

Na, wunderbar, denke ich. Dann bin ich hier ja absolut richtig. Denn darüber hat der Oberengel sich ja auch beklagt. Und ich sage schon ganz zuversichtlich:

„Das ist’s ja, worüber die Himmelsbehörde
bei mir, Sankt Nikolaus, sich beschwerte.
Drum bin ich gekommen zu guten Leuten,
die sich nicht lassen konsumverleiten.“

„Matthias“, ruft darauf die Frau nach hinten. „Der hat ne ganz raffinierte Masche!“ Und zu mir sagt sie: „Na, nun sagen Sie doch schon: Wie heißt die Illustrierte, die Sie uns andrehen wollen?“

In dem Augenblick kommt auch der Mann an die Tür. „Laß ihn doch rein, Jutta-Liese!“ Er sieht wirklich wie ein Künstler aus: mit Schnurrbart und ganz wilden Haaren. Und Latschen trägt er an den Füßen. Aber er ist ganz freundlich zu mir, faßt mich am Arm und zieht mich in die Wohnung.

„Komm, Genosse, ich weiß doch Bescheid“, sagt er. „Du bist Student und mußt dich durchschlagen. Versteh ich doch.“

In der Wohnung steht eine Staffelei, eine große Wand, wo lauter Zettel drangeheftet sind, Plakate mit ner Friedenstaube. Möbel waren gar keine richtigen da. Nur so Hocker und Matratzen aus Schaumstoff. Seine Frau aber hat was gegen mich. „Du weißt“, sagt sie, „wir lehnen den Weihnachtsmann ab.“

„Das ist doch was anderes“, sagt er. „Als Student

muß man jobben. Hab' doch früher selbst beim Asta den Weihnachtsmann gespielt."

Ich muß natürlich den Irrtum aufklären und leg los:

„Ich bin der echte Sankt Nikolaus.
Ich hoffe sehr, ich find in diesem Haus ..."

Aber er läßt mich nicht ausreden. Ob ich was trinken will, fragt er mich. Ich sag natürlich ja. Da stellt mir die Frau ein Glas hin mit ner roten Flüssigkeit. Ich nehm schnell einen Schluck – und muß beinahe spucken. Das war kein Likör, das war Karottensaft. „Von biologisch einwandfreien Karotten", sagt die Frau. Aber der Mann muß unbedingt von seiner 68-er Zeit als Studenten-Weihnachtsmann erzählen.

„Mensch, ich weiß noch, wie ich damals den Weihnachtsmann gemacht hab. Bin ich rein in die Wohnung. Waren immer so ganz reaktionäre Typen, die uns bestellt haben. Honorar haben wir immer gleich im Flur vorweg kassiert. Und die Eltern dann immer: ‚Unser Michael, Herr Weihnachtsmann, macht seine Schulaufgaben nicht ordentlich und schwatzt im Unterricht. Wenn Sie ihm mal ein bißchen drohen würden. Sie verstehen schon.' – So richtig diese repressive Scheiße von diesen Bourgeoisie-Typen. Ist klar, hab ich gesagt, und hab mich scheinheilig neben den Tannenbaum gestellt. Dann kamen die Kinderchen rein. Strahlende Kinderaugen – richtig zum Kotzen schön. Und dann fing natürlich der dicke Vater an: ‚So, Michael, nun sag mal schön dein Weihnachtsgedicht auf.' Darauf hatte ich ja bloß gewartet. ‚Nein', sag ich, ‚diesmal wollen wir das mal andersherum machen. Nun sagt uns der Papi mal sein Weihnachtsgedicht auf. Das möchte ich, der Weihnachtsmann, nun mal hören. Also los, Vati, sag *du* uns mal dein Gedicht auf!' – Ha, da hättste diese fetten Bürger sehen sollen: Geschwitzt haben sie und rumgestottert. Sie konnten ja nichts machen. Ich war doch der Weihnachtsmann. Und hab natürlich dann zu dem Kind gesagt: ‚Da sieht man es mal. Von dir verlangen sie, was sie selber gar nicht können. Also Michael, sei weiterhin schön ungehorsam. Und schwatz ruhig dazwischen in der Schule. Wer immer den Mund hält, wird nur ausgebeutet!' – Hahaha – am liebsten hätten sie mich umgebracht, die Alten – ach, das waren noch Zeiten!"

Ich bin natürlich einigermaßen verstört bei solchen Reden. Aber da mischt sich auch wieder die Frau ein. „Als Pädagogin finde ich es trotzdem nicht gut", sagt sie, „die autoritären Vorurteile der bürgerlichen Gesellschaft durch die Inkarnation des Weihnachtsmannes zu etablieren. Selbst wenn du im revolutionären Sinne als Partisanen-Weihnachtsmann agiert hast, hätten sich die soziologisch bedingten Assoziationen von einer gottähnlichen Vaterfigur zum Schaden für das gesamtgesellschaftliche Verhalten der Kinder auswirken können."

Ich wollte mich schnell einschalten und sagte:

„Hab meine Rute auch bei mir.
Im Himmel halten wir dafür,
daß gute Kind' zu loben sind,
die Rute ist fürs böse Kind."

Aber das war nun ganz und gar verkehrt. „Da hast du's!" ruft die Frau. „Die Manifestation der Prügelstrafe durch den als Weihnachtsmann verkleideten verlängerten Arm der herrschenden Klasse. Der Weihnachtsmann ist der Klassenfeind der Kinder!"

Irgendwie wird mir immer unheimlicher. Ich denke schon: ob ich mich nicht besser verdrücke? Aber da flüstert der Mann seiner Frau etwas ins Ohr. Die strahlt plötzlich ganz fröhlich und ruft:

„Ja, gut! Das ist eine gute Aktion!" und sie geht aus dem Zimmer. „Jutta-Liese holt unseren Sohn herein", sagt der Mann.

Dann nimmt er eine Flasche aus einem Versteck und schenkt mir ein Gläschen ein. „Schnell", sagt er. „Ich hab wohl gemerkt, daß Ihnen der Karottensaft nicht geschmeckt hat."

Ich trinke – es ist ein guter Korn. Dann nimmt er selbst schnell einen Schluck aus der Flasche und tut sie zurück ins Versteck. Und da ist auch schon die Mutter mit dem Jungen zurück. Der Junge ist vielleicht fünf oder sechs Jahre alt. Er guckt mich freudig an, wie ein braves, gutes Kind und sagt:

„Oh, der Weihnachtsmann." – Ich fang natürlich gleich mit meinem Vers an:

„Allüberall auf den Tannenspitzen
sah ich goldene Lichtlein blitzen.
Und wie ich so strolcht ..."

Aber in *dem* Augenblick – ich kann gar nicht so schnell begreifen, was mit mir geschieht – ruft der Vater: „Es ist alles falsch an ihm! Es gibt nämlich gar keinen Wehnachtsmann. Guck es dir selbst an. Auch sein Bart ist falsch!“ Und damit reißt er mir die Mütze ab, springt an meinen Bart und will ihn abreißen. Das tut natürlich weh. Der Bart ist nun mal echt. Er zieht und hängt sich richtig dran – und wir fallen beide zu Boden. Dabei flüstert mir der Vater ins Ohr: „Verdammt, warum geht denn der Bart nicht ab!“

Der Junge fängt an zu weinen:

„Lieber guter Weihnachtsmann,
nimm dich meiner Eltern an!“

Panische Angst erfaßt mich. Ich nehme meinen Sack und bin mit einem Satz an der Tür. Der Vater ruft ganz verdattert: „He, Alter. Entschuldigung. Ich kann doch nicht wissen, daß der Bart echt ist“, aber ich hab genug. Ich frag nur noch schnell:

„Und wie fühlen Sie sich in der Weihnachtszeit?“

Da rufen die Frau und der Mann wie aus einem Mund: „Unheimlich beschissen!“

Da bin ich so schnell ich konnte die Treppe runter.

Jetzt hab ich wirklich Angst, daß ich keinen einzigen Menschen finde, der Weihnachten einfach nur froh ist. Denn die, die den Weihnachtmann mögen, die sind im Streß – und die, die ihn ablehnen, die dürfen gar nicht froh sein!

Die Bescherung

Heiligabend ist schon fast vorbei. Vor der Tür eines kleinen Einfamilienhauses mit Garten steht der Schlitten des Nikolaus. Der Schimmel scharrt ungeduldig im Schnee, er weiß: Es ist Zeit, zurück in den Himmel zu traben. Sie müssen spätestens um ein Uhr drei die Erdumlaufbahn verlassen, sonst verpassen sie die Weltraumfähre in der fünfzehnten Galaxis. Aber wo bleibt Sankt Nikolaus? Da öffnet sich die Tür des Hauses, und heraus schleicht unser hauptberuflicher Weihnachtsmann. „O du fröhliche", klingt es aus dem Haus heraus. Und nun kommt er auf den Schlitten zu. Täuschen wir uns oder schwankt er ein wenig? Er wird doch wohl nicht wieder zuviel Rum getankt haben! Jetzt wirft er Sack und Rute auf den Schlitten und fällt seinem Schimmel um den Hals.

„Ich bin so froh!" hat sie gesagt. Hihi. Ich hab ihn, den frohen Menschen. Ich hab ihn! Ach, das muß ich dir erzählen ...

Na dann hören wir ihm doch einfach mal zu. Der Alte lehnt sich an die Deichsel und erzählt:

Ich wollt es ja schon aufgeben nach dem Reinfall mit dem Kunstmaler – aber dann dachte ich: Gut, ein letzter Versuch bei einer richtig gemütlichen Familie. Familie Bergmann, humorvoll, kinderlieb, viel Familiensinn – stand in der Kartei. Ich läute, die Tür wird geöffnet und die Hausfrau, in Schürze und mit Lockenwicklern im Haar, schlägt die Hände überm Kopf zusammen und ruft: „Was wollen Sie denn schon hier! Oh Gott, oh Gott!" Und ehe ich noch antworten kann, zieht sie mich in den Hausflur. „Schnell, schnell, daß die Kinder Sie nicht sehen. Ich hab der Vermittlung doch gesagt, um 17.45 Uhr. So, hier herein.“

Damit stößt und zieht sie mich ins Wohnzimmer. In der Stube steht schon der Weihnachtsbaum, aber sonst ist noch alles in Unordnung. Der Vater, Herr Bergmann, sitzt auf dem Teppich und bastelt an einem Fernlenkauto. Um ihn herum liegen Rädchen, Drähte und Schrauben. Und Frau Bergmann ruft wieder: „ Oh Gott, oh Gott! Und du bist immer noch nicht fertig.“

Aber der Vater läßt sich überhaupt nicht aus der Ruhe bringen. Er sagt: „Elsbeth, warum befolgst du meinen Plan nicht? Der Weihnachtsmann soll doch erst um 17.45 Uhr erscheinen!“

Die Frau ist vollkommen nervös. „Was kann denn ich dafür!“ Dann rennt sie zum Tisch rüber, auf dem noch allerlei Schachteln und Papier unaufgeräumt herumliegen. Sie ruft: „Mein Gott, ich muß den Tisch noch decken! Kannst du denn nicht wenigstens dieses ganze Zeugs hier wegräumen?“

Aber Herr Bergmann mit seiner sonoren Stimme sagt nur: „Elsbeth, du sollst doch ruhig bleiben.“

Frau Bergmann läuft zum Weihnachtsbaum rüber und ruft: „Und Kerzen! Es sind immer noch keine Kerzen am Baum! Mein Gott, und bald kommen Vater und Mutter!“

Herr Bergmann steht von seiner Arbeit auf, nimmt die Hand seiner Frau und redet beruhigend auf sie ein: „Was ist denn los, Elsbeth? Wir haben uns doch vorgenommen, diesmal soll alles in Ruhe geschehen. Ich habe dir doch extra einen Plan gemacht. Wenn du dich daran hältst, geht auch alles in Ordnung. Du weißt doch: meine Aufgabe ist es, das Auto für den Jungen fertigzubauen. Ich halte mich an meine Aufgabe. Deine Aufgabe ist es ...“

Aber die Frau kann ihm gar nicht zuhören. Sie reißt sich los und ruft: „Der Puter, der Puter!“ und saust ab in die Küche.

Dann setzt sich Herr Bergmann wieder auf den Boden und sagt: „Meine Frau hat Sie zu früh bestellt. Sie sollten erst um 17.45 Uhr kommen.“

Ich will den Irrtum natürlich aufklären und sage:

„Oh nein, sie hat mich nicht bestellt!
Vom Himmel nieder, auf die Welt
komm ich, Sankt Nikolaus, der echte.
Weil ich hier frohe Menschen finden möchte.“

Aber der Vater begreift gar nicht, was ich damit sagen will. Er ist wieder ganz bei seinem Fernlenkauto. Irgendwie bastelt er da an einem Schaltkreis herum, und dann ruft er wieder: „Elsbeth! Elsbeth!! Denkst du auch an den Rotwein?“ Mir bietet er an, mich aus der Flasche zu bedienen, die auf dem Tisch steht. Da war Cognac drin. Natürlich hab ich mich nicht zweimal bitten lassen.

Frau Bergmann kommt wieder aus der Küche gerannt und ruft: „Könntest du denn nicht bitte den Rotwein aus dem Keller heraufholen?“ Aber der Vater, ganz die Ruhe und Ausgeglichenheit, sagt nur: „Nein, das ist doch deine Aufgabe, Elsbeth. In zehn Minuten kommen Vater und Mutter. Die Kiste steht im Keller neben der Werkbank.“

Es ist richtig beängstigend. Jetzt kommt Frau Bergmann wieder mit einem Messer in der Hand durch den Raum geschossen und ruft: „Ich muß noch den Tisch decken! Ich muß noch den Tisch decken!“ Herr Bergmann spricht wieder hinter ihr her: „Warum bist du denn so hektisch, Elsbeth? Und vergiß nicht, du mußt noch das Bild vom Watzmann wieder aufhängen, das Vater und Mutter uns geschenkt haben.“

Aus dem Keller hört man ein verzweifeltes: „Oh Gott, oh Gott!“ Aber der Vater, Herr Bergmann, ist, wie gesagt, immer die Ruhe selbst. Wie ein Fels im Sturm. Er sitzt auf dem Fußboden und bastelt an seinem Fernlenkauto. Mir erklärt er: „Meine Frau ist Heiligabend immer etwas aufgeregt, die Gute. Darum habe ich ihr diesmal alles schön aufgeschrieben, was zu tun ist, damit sie nicht wieder den Kopf verliert. Wissen Sie, Frauen haben keinen Sinn für rationale Arbeitseinteilung. Und dann wundern sie sich, wenn sie nervös werden.“

Wieder kommt Frau Bergmann herein. Sie schleppt sich mit einer schweren Weinkiste ab und hat noch einen großen Steinkrug unter dem Arm. „Oh Gott, ich kann nicht mehr! Ich muß mich ja auch noch umziehen!“ Aber Herr Bergmann interessiert sich nun gar nicht mehr für seine Frau. Er sagt wieder: „Schatz, es ist alles eine Frage der Einteilung.“ Und während seine Frau die Sachen in die Küche schleppt, erklärt er mir, unter Männern, die komplizierte Technik des Fernlenkautos.

„Sehen Sie mal, Herr Weihnachtsmann“, sagt er, „eine Turbomaschine, neuestes Modell, Sechsganggetriebe, Einzelradaufhängung, Stereokopflenkwelle, ferngesteuert, Ultraschallichtwellenreflektor, Fernlenkhupe.“ Da kommt wieder seine Frau angerast, sie reißt den Schrank auf, um die Gläser herauszunehmen. „Elsbeth, hast du die Kristallgläser auch abgewaschen?“ fragt Herr Bergmann. „Du weißt, Mutter achtet sehr darauf!“

Ein verzweifeltes Stöhnen von ihr ist die Antwort. „Mein Gott, ich weiß nicht, wie ich alles noch schaffen soll!“ „Siehst du wohl“, sagt Herr Bergmann, „das kommt, wenn du dich nicht an den Plan hältst.“

Da klingelt es. Herr Bergmann sagt: „Elsbeth, es klingelt.“ Die Frau ist so aufgeregt, daß sie ein Glas fallen läßt, und rennt wieder aus der Tür. Aber es ist richtig beruhigend, wie Herr Bergmann mir dann erklärt: „Ja, wir haben uns vorgenommen, diesmal so richtig fröhlich und beschaulich Weihnachten zu feiern. Nicht so aufgeregt wie sonst immer. Für uns ist Weihnachten nämlich ein Fest der Liebe und der Fröhlichkeit, wissen Sie.“

Genau darauf habe ich ja gewartet und schon habe ich wieder Hoffnung. Ich sage:

„Oh, das ist recht. So bin ich richtig hier im Haus.
Der Oberengel sagte: Sankt Nikolaus ...“

Das Telefon klingelt. Herr Bergmann ruft: „Elsbeth, Telefon, Elsbeth!“ Frau Bergmann kommt mit einem sperrigen, riesengroßen Paket hereingeschwankt, das ihr wohl von der Post an der Tür übergeben worden ist. Das Paket ist größer als sie selbst. Sie stöhnt und ächzt: „Was ist das? Das ist hier abgegeben worden!“

Herr Bergmann sagt wieder: „Telefon, Elsbeth!“ Und mir flüstert er zu: „Das Paket ist eine Überraschung für Elsbeth. Da ist ein Multimax-Staubsauger drin. Das Allermodernste. Sensortechnik, geräuscharm, automatische Kabelrolle!“

Frau Bergmann ist inzwischen am Telefon: „Fröhliche Weihnachten. Ja, ach, das ist lieb von euch.“ Es klingt ziemlich verzweifelt.

Wieder klingelt es an der Tür. Herr Bergmann, der immer noch auf dem Teppich sitzt, ruft: „Es klingelt, Elsbeth! Das werden sie sein.“ Frau Bergmann hat schon etwas Irres im Blick. Sie rauft sich die Haare, wo immer noch die Lockenwickler sitzen, und es kommen nur noch abgehackte Sätze aus ihrem Mund: „Mein Puter! Der Salat. Noch umziehen. Die Kerzen. Das Bild.“

Wieder rennt sie in den Flur. Im selben Augenblick bricht Herr Bergmann in einen Jubelruf aus: „Hurra, Hurra, es funktioniert!“ Dann schiebt er die Sessel und Stühle beiseite und setzt das Fernlenkauto in Bewegung. Es rast durch den Raum und überschlägt sich am Weihnachtsbaum. „Ein Wunder der Technik!“ ruft der fröhliche Vater. In diesem Augenblick kommt Frau Bergmann mit Schwiegervater und Schwiegermutter herein.

Die beiden sind festlich gekleidet, aber sie blicken auch recht streng. Die Schwiegermutter bleibt an der Tür stehen, sieht ihre Schwiegertochter an und sagt: „Aber Kind, willst du etwa so Heiligabend feiern? In der Aufmachung?“ Der Schwiegervater sieht auf seine Armbanduhr und ruft: „Um 18 Uhr ist Bescherung. Noch zwölf Minuten. Ihr wißt, ich lege Wert auf Pünktlichkeit.“

Das gibt Frau Bergmann nun fast den Rest. „Entschuldigt mich. Der Puter. Dann muß ich mich auch noch umziehen. Und der Tisch ist noch nicht gedeckt. Und der Salat." Sie rast wieder aus dem Zimmer.

Herr Bergmann aber strahlt vor Freude darüber, daß er das Fernlenkauto nun noch rechtzeitig fertig hat. Stolz geht er zu seinem Vater und zeigt ihm das Werk. „Rechtzeitig zur Bescherung fertig geworden", sagt er. „Der Junge hat es verdient. Turbomaschine, Sechsganggetriebe, ferngelenkte Stereoskopsteuerung mit Beschleunigungsgang." Frau Bergmann kommt wieder ins Zimmer und rennt gleich wieder raus. Sie weiß nicht mehr, wo ihr der Kopf steht. Die Schwiegermutter aber hat jetzt entdeckt, daß das Gemälde vom Watzmann nicht mehr an der Wand hängt. Sie stemmt die Hände in die Hüften, blickt auf die Wand und sagt: „So, und das Watzmann-Gemälde hängt auch nicht mehr. Es ist unseren Kindern wohl nicht modern genug!"

Der Schwiegervater hat inzwischen die Weihnachtsglocke unterm Tannenbaum entdeckt. Er schwingt sie über dem Kopf und klingelt damit: „Nur noch vier Minuten bis zur Bescherung!" ruft er. Wieder kommt Frau Bergmann hereingerast, halb angezogen, und verschwindet in Richtung Küche.

Die Schwiegermutter schüttelt den Kopf und ruft hinter ihr her: „Daß du nie fertig werden kannst, Elsbeth, nicht mal neue Gardinen hast du aufgesteckt!" Und in diesem Augenblick entdeckt sie mich.

„Was wollen Sie denn hier!" herrscht sie mich an. „Sollen die Kinder Sie etwa zu früh sehen? Raus, verschwinden Sie auf den Balkon!"

Ich nehme schnell noch einen Schluck aus der Cognacflasche und verschwinde auf den Balkon. Durch die Gardine beobachte ich, wie es drinnen weitergeht. Herr Bergmann baut das Auto unter dem Tannenbaum auf und betrachtet es immer noch geradezu verliebt. Dann ruft er: „Elsbeth, du mußt noch den Tisch abräumen und aufdecken.“ Er denkt nicht im entferntesten daran, daß er das tun könnte.

Der Schwiegervater schwingt wieder die Glocke über dem Kopf und ruft: „Noch drei Minuten bis zur Bescherung!“ Die Tür wird aufgerissen, drei Kinder stürzen herein und rufen: „Papa, Mama, ist Bescherung?“ Aber der Vater drängt sie wieder hinaus: „Gleich Kinder, gleich. Noch zwei Minuten.“

Frau Bergmann kommt mit einem Tablett voller Geschirr und will zum Tisch, um dort die Gläser aufzudecken. Im selben Augenblick klingelt es, und Herr Bergmann ruft wieder: „Elsbeth, es klingelt! Und der Tisch ist noch nicht gedeckt. Wo hast du denn die Geschenke?“

Frau Bergmann steht wie zur Salzsäule erstarrt. Plötzlich läßt sie einfach das Tablett fallen und läuft zur Tür. Es klirrt, alle Gläser liegen auf dem Boden! Die Schwiegermutter ist entsetzt. Mit ihrer durchdringenden Stimme ruft sie: „Sechs Kinder haben wir großgezogen, aber so etwas hat es bei uns nicht gegeben.“ Und nun schwingt der Schwiegervater wieder seine Glocke und ruft: „Bescherung, Bescherung! Fröhliche Weihnachten!“ Inzwischen hat Herr Bergmann eine CD aufgelegt. In das ganze Durcheinander hinein erklingt nun „O du fröhliche, o du selige!“

Frau Bergmann kommt wieder herein. Sie ist bleich. Ihr Gesichtsausdruck hat etwas Irres. „Der Weihnachtsmann!“ stammelt sie.

Da fällt mir ein, daß ich zur Bescherung wohl gebraucht werde. Ich öffne also die Balkontür und trete wieder ins Zimmer, aber, du großer Schreck: Da kommt ja noch ein Weihnachtsmann ins Zimmer – vom Flur her. Das ist also der, den sie bestellt hatten. Er stammelt eine Entschuldigung:

„Von drauß' vom Walde komm ich her,
hab im Stau gesteckt, war soviel Verkehr ...“

Die Familie ist völlig irritiert. Die Schwiegermutter keift: „Aber, Elsbeth, was hast du denn nun schon wieder gemacht!“ und Herr Bergmann sagt böse: „Wie kannst du denn zwei Weihnachtsmänner bestellen!“ Der alte Schwiegervater aber schwingt zu alledem seine Bimmel und ruft immer noch: „Bescherung, Bescherung!“ Die Kinder sagen: „Ihr lieben guten Weihnachtsmänner ...“, aber da fällt Frau Bergmann mit einem kleinen Aufschrei auf einen Stuhl. Dabei zittert sie so komisch, daß man nicht weiß: Weint sie nun oder lacht sie? Aber ganz deutlich höre ich sie sagen: „Oh, bin ich froh, oh, bin ich froh ...“

Ich bin sofort bei ihr und frage: „Was haben Sie gesagt, Frau Bergmann?“

„Oh, bin ich froh ...“

Ich geb ihr einen Kuß auf die Wange und stapfe sofort in Richtung Tür. Zwar ist mir, als hörte ich sie leise hinzufügen: „... wenn dieser Abend vorbei ist.“ Aber das ist so leise, daß ich es eigentlich gar nicht mehr hören kann. Ich hab ja auch nicht mehr die jüngsten Ohren. Sie hat jedenfalls gesagt: „Ich bin so froh! Ich bin so froh!" – und mehr verlangen die ja nicht da oben. Ich werde sagen:

„Hohe Himmlische Behörde!
Sankt Nikolaus meldet, zurück von der Erde:
Frau Elsbeth Bergmann, sie sagte so:
Im Namen aller Menschen: ich bin so froh."

Sankt Nikolaus küßt seinen Schimmel auf die Ohren. Dann klettert er ächzend in den Schlitten und ruft:

„Hü! Milchstraße frei. Durchs Sturmgebraus.
Den Himmel auf! Hier kommt Sankt Nikolaus!"

Der Schimmel trabt davon in die Dunkelheit. Nur seine Glöckchen sind noch eine ganze Zeit zu hören.

Ja, das ist die Geschichte vom Weihnachtsmann in Nöten. Ob sie ihm diese *Antwort im Himmel aber durchgehen lassen? Oder ob er seinen Außendienstposten verliert? Man darf gespannt sein.*

Der Weihnachtsmann in Nöten II. Teil oder Die Suche nach Sankt Wladimir

Die zweite Chance

Zwei Erdenjahre später. Wir befinden uns wieder im Himmel. Sankt Nikolaus kommt von einer Besprechung mit der Himmlischen Behörde, er ist ziemlich ausgelassen und kichert vor sich hin. Stellt Sachen zusammen, sitzt auf der Kiste. Im Hintergrund schleppen die Engel Weihnachtsgeschenke.

Ach, nein! Wer hätte das gedacht! Auf einmal bin ich wieder gut genug. Sie brauchen mich. Sankt Nikolaus! Sie kommen ohne mich nicht weiter! Gestattet, daß ich lachen muß! Reumütig bittet mich die Himmlische Behörde:

„Wir haben dir, Sankt Nikolaus, wohl doch – ein wenig Unrecht getan. Und fragen dich nunmehr in aller Freundlichkeit, ob du bereit bist, guter alter Mann, noch einmal deine alte Reise anzutreten: zur Weihnachtszeit. Fahr noch einmal hinab, besuch die Menschen auf der Erde, Nikolaus. Du kennst dich doch am besten unten aus und weißt noch immer deine alten Wege. Den Schlitten stellen wir dir gern bereit mit Jonathan und Herbert in den Deichseln, den beiden Elchen, die in vielen hundert Jahren stets treu dir schon gedient."

Ich hatt natürlich so was schon geahnt. Von Wolke hatte sich zu Wolke längst herumgesprochen: Sankt Wladimir ist nicht zurückgekehrt! Sankt Wladimir, Heiliger Großfürst einst von Kiew, und immer schon auf meinen Posten scharf. Fünfhundert Jahre konnt er seine Eifersucht notdürftig nur verbergen, wenn er mit Halleluja mich begrüßte. Halleluja, sagt er immer, als wollt er sagen: Geh mir aus dem Weg. Aus Rußland kam er ganz wie ich, Sankt Nikolaus, und glaubte drum, ein Recht, ein angestammtes, auf meinen Außendienst zu haben. Zu seiner Lebzeit auf der Erde war er, wie jeder gute Christ ja weiß, schon immer sehr von allem Abendländ'schen angetan. Es zog ihn früher schon zur westlichen Kultur und westlichen Genüssen. Zu gern wär er darum der Weihnachtsmann gewesen, da hätt er alle Jahre wieder nach Deutschland reisen können und Rheinwein trinken oder Oldesloer Korn. Und als sie mich dann suspendierten, zwei Erdenjahre her, war das natürlich seine große Chance: Sankt Wladimir war nun der neue Weihnachtsmann.

Vor der Behörde stellt ich mich natürlich ahnungslos:

„Entschuldigung, verehrte Himmlische Behörde, vermelde mit Respekt: Sie hatten mich doch grade strafversetzt. Ich hatte doch versagt als Weihnachtsmann. Sie hatten doch mit ernstlichen Ermahnungen des Amtes mich enthoben. Ich war doch abgesetzt als Weihnachtsmann. Ich hatte doch den frohen Menschen nicht gefunden beim letzen Mal, wie mir befohlen war. Sie hatten ja den Ausruf von Frau Bergmann ‚Ich bin so froh' nicht gelten lassen wollen. Ich bin doch schuld, verehrtes Himmlisches Gericht, so lautete Ihr weiser Urteilsspruch, schuld, daß die Menschen grad zur Weihnachtszeit die Frohe Botschaft nicht mehr recht vernehmen.

Statt in Freude und in Beschaulichkeit
zu erleben die Heilige Weihnachtszeit,
sind sie im Streß, wie sie das nennen.
Sie frohlocken nicht mehr, sie fluchen und rennen.

So sprachen Sie, verehrtes Hohes Haus – und schuld daran sei ich, Sankt Nikolaus! Und also haben Sie mich dann versetzt, das Weihnachtsvorratslager zu verwalten, woran ich mich inzwischen auch gewöhnt."

„Das wissen wir, Sankt Nikolaus." Der Oberengel kommt von seinem Stuhl herab, er wedelt liebevoll mit seinen Flügeln und legt mir dann die Hand sanft auf die Schulter. „Du mußt wissen, Nikolaus, wir haben einen ernsten Grund, dich noch einmal hinabzuschicken auf die Erde ..."

Doch ich, ich kann mich nicht beherrschen. Ich sage listig: „Da habt ihr doch den Wladimir, er ist doch jetzt der neue Weihnachtsmann und wär bestimmt nicht sehr erfreut, wenn ich nun wieder ihm ins Handwerk pfuschte."

Da legt der Oberengel beide Flügel sich über seine Lippen – eine Beschwörungsgeste hier im Himmel, die soviel heißt wie Psst und Unter uns:

„Sankt Wladimir", sagt nun der Oberengel, „Sankt Wladimir, den wir an deiner Stelle zum Weihnachtsmann bestimmt, und der sich unerhört nach diesem Posten drängte, Sankt Wladimir ist nicht zurückgekehrt. Zum Weihnachtsfest zweitausend schickten wir ihn aus, doch er kam nicht zurück, Sankt Nikolaus. Wir sind zutiefst besorgt. Dies ganze Jahr gelang es uns, den Fall geheimzuhalten. Wir hoffen immer noch, daß er unschuldig aufgehalten, daß ihn sein gutes Herz vielleicht verführt, bei Waisenkindern oder anderm Elend zu verweilen, so daß er dann die Weltraumfähre zur 14. Galaxis nicht bekam und so den Weg zum Himmel nicht zurückfand."

Da stand ich nun, Sankt Nikolaus. Ich mußte mich doch sehr zusammennehmen. Um nicht sofort zu sagen: Dem Herrn sei Dank! Ich könnt glatt Hosianna rufen vor Freude. Ach, wie hab ich mich gesehnt zwei Jahre lang nach all den guten Menschen – auch nach denen, die im Streß die Frohe Botschaft nicht vernehmen bzw. nur so nebenbei.

Wie haben mir gefehlt die lieben Kinder und ihre Kinderaugen, wie sie strahlten im Lichterglanz:

Stecke deine Rute ein –
ich will auch immer artig sein.

Doch vor der Hohen Himmlischen Behörde fang ich natürlich erst mal an zu stöhnen:

„Ihr Hohen Herrn, ich muß euch leider sagen,
ich glaub, ich kann den Sack schon nicht mehr tragen
mit Apfel, Nuß und Mandelkern,
ich habe mich, ihr Hohen Herrn,
ganz schön gewöhnt an meine Rentner-Wolke, wo ich den ganzen Tag mit frommen Liedern dem Herrn lobsinge. Auch hat mein Magen sich schon umgestellt: ich trinke nur noch Nektar, zwar ein bißchen süß für meine Kehle, aber eins weiß ich genau: nen Rumgrog, wie ich früher ihn verbotenerweise – das wißt Ihr wohl und habt es mir verziehn – so hin und wieder auf der Erdenreise heimlich getrunken, den brächt ich heut nicht mehr die Kehle runter.

Also laßt mich lieber oben. Ich glaub, mein Kreuz und alle meine Knochen vertragen die Beschwerlichkeit nicht mehr …“

Doch damit hätt ich fast den Bogen überspannt.

„Nun gut“, beginnt der Oberengel. „Wir wollen dich nicht zwingen, Nikolaus. Wenn dir die Reise zu beschwerlich ist …“

„Ja, ja, ist ja schon gut, Herr Oberengel“, sag ich schnell. „Ich werd mich meinen Pflichten nicht entziehn. Ihr braucht mich – und Ihr kennt Sankt Nikolaus: Sagt an: Habt Ihr mir etwas aufzutragen für die Weihnachtsreise?“

Da setzt der Oberengel sich wieder feierlich auf seinen Hohen Stuhl und spricht:

„Sankt Nikolaus, die Himmlische Behörde,
schickt dich, du treuer Knecht, hinab zur Erde,
und hofft, es möge dir gelingen,
uns den verlornen Heiligen zurückzubringen!
Such uns den Wladimir im menschlichen
Getümmel, bring uns Sankt Wladimir zurück her
in den Himmel.
Wir wollen dir, Sankt Niklaus, nicht verhehlen,
die Himmlische Behörde selbst kommt durch
sein Fehlen
in große Schwierigkeiten sonst. Auf alle Fälle
wird von ganz oben man, von allerhöchster
Stelle,
uns schwere Buße auferlegen, wenn sie erst
vernommen:
ein Heil'ger ist abhanden uns gekommen –
ein Vorgang, wie man ihn noch nicht erfahren

seit Bethlehem, seit nun zweitausend Jahren.
Gelingt es dir, Sankt Nikolaus, den Auftrag zu erfüllen,
so darfst du künftig ganz nach deinem Willen
als Weihnachtsmann und alle Jahre wieder
fahren zu den Menschen auf die Erde nieder!“

Halleluja! Du liebe Weihnachtszeit!
Die Sachen sind gepackt.
Der Schlitten steht bereit.
Im Sack sind noch ne ganze Menge Dinge,
die ich als Nebenauftrag runterbringe,
so dies und das – für einige Menschenkinder.
Hauptsache aber ist: ich find den Heil'gen Sünder.
Ja, ja, so geht's. Haben sie dich auch verdammt:
Kaum braucht man dich – schon bist du wieder im Amt.
Macht hoch die Tür, das Tor macht weit:
Sankt Niklaus kommt zurück. 's ist Weihnachtszeit!

Sankt Nikolaus wird verhaftet

Eine Woche später. Unter einem Brückenbogen in Hamburg an der Alster. Sankt Nikolaus kommt gerannt. Sieht sich ängstlich um. Ist erschöpft und setzt sich auf einen steinernen Vorsprung.

Mein Asthma ... O, mein Herz ... Bin ich gelaufen! Wenn ich nicht noch von früher mein Versteck hier unterm Brückenbogen ... O Gott, ich kann nicht mehr ... Hier bin ich aber sicher ... Das war die erste Suchaktion. Gründlich daneben. Fast hätten sie mich eingesperrt, mich selber. Entschuldigung, da oben, Himmlische Behörde, wenn ich mir jetzt nicht wenigstens den ersten Schluck Flensburger Rum genehmige, dann steh ich diesen Streß nicht länger durch ...

Dabei fing alles gar nicht übel an. Mit meinen Elchen fuhr ich von der 14. Galaxis zur Milchstraße und auf dem Zeitumkehrungselevator zur Umlaufbahn der Erde. Alles reibungslos. Kein Sonnensturm, kein Gammastrahl-Gewitter und alle schwarzen Löcher meisterhaft umschifft.

Doch kaum erreich ich den Planeten hier, den blauen, kurz vor der Stratosphäre fängt der Ärger an: Als ob man einem Autofriedhof näherkäme, Alteisenschuttplatz: Blechdosen jeder Größenordnung, Antennen-Schüsseln fliegen durch die Gegend und überall Chemie-Klosettabfälle vom Abtritt irgendwelcher Raumstationen. Der Himmel ist ja groß, der Raum unendlich: das ist das wahre Paradies der Menschen, wo sie nun endlich ihren Müll ganz einfach so von sich werfen können in die Unendlichkeit. Die Elche scheuen und haben Angst, durch dieses Labyrinth aus Satellitenwracks und Telefunkstationen sich durchzuwinden, ohne die Geweihe sich zu stoßen. Doch endlich hatten wir's geschafft. Und meine beiden Elche waren überglücklich. Im Wildpark-Eekholt hab ich sie bei Pinneberg untergebracht – da treiben sie es jetzt mit zwanzig Kühen, Elchküh'n, im Freigehege! Ich laß sie – gegen jede himmlische Vernunft heut: Im Himmel gibt's für sie ja keine Brunft-Zeit!

Ich also geh auf Tour. Im Weihnachtsmantel und mit Sack und Rute – und dabei fühl ich mich so ähnlich wie Columbo, der Inspektor. Denn diesmal ist mein Auftrag: Sankt Wladimir zu finden, diesen Weihnachtsmannersatz, den Lückenbüßer, denn der Weihnachtsmann, der einzig echte, werd immer ich nur sein, Sankt Nikolaus.

So komm ich in die Stadt – und bin mal wieder wie geblendet: Die Pracht im Einkaufszentrum! Sphärenklänge überall mit O, du fröhliche und Heilige Nacht und hunderttausend goldne Sternenketten; und allerliebste Engelein im kurzen Nachthemd, im bodyfreien Top, wie sie das nennen, neckisch anzusehen, blasen auf Posaunen – das Himmelstor aus Marzipan, Maria und das Kindelein mit Joseph und der Krippe als lebensgroße Schaufensterfiguren – das Jesuskind mit Windeln Marke Pampers, in einer Hand ein Gameboy von Nintendo, Maria trägt ein schlichtes, aber modisches Gewand von H & M für tatsächlich nur vierzehn Euro neunzig. Joseph steht da in blauen Stone-Washed Jeans von Werdin, der Ochse hat je einen gelben Knopf in beiden Ohren: Rindfleisch aus deutschen Landen: preiswert und BSE-frei!

Ich bin ganz hingerissen und begeistert: Dagegen ist der Himmel doch ein Altersheim. Bei uns nur immer Wolken, Harfen, Hosianna und die ewig gleichen Psalmen in der Luft. Sternschnuppen, die vorbeiziehn, sind nur müde Funzeln gegen diese Laserstrahlenfarbkompositionen und all die Lichterketten auf den Weihnachtsbäumen … ‚Friede auf Erden' steht in goldnen Lettern an der Kuppel ‚und den Menschen ein Wohlgefallen – mit Holsten Bier'.

Und wie ich schon gedacht: da stehn die Weihnachtsmänner, stehn sie da!! – mindestens zwanzig in der City – vor m Kaufhaus, auch vor m Bahnhof auf dem Marktplatz. Entweder, denk ich, ist Sankt Wladimir dabei, oder vielleicht kann einer mir von diesen Weihnachtsmännern mindestens verraten, ob er ihn gesehn.

„Hallo“, sag ich, „ich bin Sankt Nikolaus, wenn du vielleicht nur kurz mal die Kapuze hochnimmst, damit ich dein Gesicht erkenne, ich such denWladimir, der sich seit einem Jahr versteckt hält ...“

Der aber stößt mich weg und reißt die Augen auf, als hätte ihn ein Ungeheuer angefaßt, rafft seinen Mantel hoch und flieht die Einkaufsstraße runter wie von den Furien gehetzt.

Ich denk natürlich: So ein Glück, das muß er sein! Der erste gleich war unser Wladimir. Und lauf so schnell ich kann mit meinem Asthma hinterher. Da stellt sich mir ein zweiter Weihnachtsmann bedrohlich in den Weg!

„Laß mich vorbei“, sag ich, „Ich muß den Wladimir erwischen, der nicht zurückgekehrt ...“ Doch statt mich durchzulassen, greift er mir in den Mantel und hält mich fest – das war ein ganz brutaler!

„Du bist erkannt!“ schnauzt er mich an, „du Scheißkerl! Wir kennen dich doch, verdammter alter Schnüffler vom Arbeitsämterfahndungsdienst, du mieser Hund. So eine Sauerei, sich zu verkleiden und uns hier auszuspionieren, ob einer hier vielleicht als Weihnachtsmann Schwarzarbeit leistet – und nebenher noch seine Stütze hat. Du sitzt auf deinem dicken Hintern im Büro, kassierst gemütlich deine Knete jeden Monat. Für unsereinen ist dieser Weihnachtsjob ne seltene Gelegenheit, auch ein paar Kohlen zu verdienen. Also, Mensch, verschwinde!“

Ich versuch, die Sache aufzuklären und sag: „Nein, nein, ich bin direkt gesandt vom Himmel, weil einer unsrer Heiligen nicht rechtzeitig zurückgekehrt. Den muß ich finden. Ich selber bin Sankt Nikolaus, der echte ...“

Doch plötzlich seh ich mich umringt von fünfzehn, zwanzig Weihnachtsmännern, nur lauter rote Mäntel und falsche weiße Bärte um mich her. Die rücken alle näher und fangen an zu singen – im Chor: Stille Nacht, heilige Nacht ... und rücken immer näher, immer näher: Sti-hil-le Nacht! Heilige Nacht! So hab ich mich noch nie gefürchtet. Und in Panik mach ich nen Satz und flieh aus diesem Kreis hinaus und steh zum Glück direkt vor Karstadt an der Tür und bin schon drin im Kaufhaus und halt mich erstmal fest an einem Stand mit Damenunterwäsche – herabgesetzte Sonderposten BHs und Slips in XXL.

Na schön, denk ich: Im Kaufhaus kenn ich mich noch aus vom letzten Mal, zwei Jahre her – als ich den frohen Menschen hier gesucht. Ha, froher Mensch: Es hat sich nichts geändert. Die Menschen quetschen sich noch immer an den Tischen und Auslagen vorbei mit irrem Blick, in Hetze atemlos – als wären sie auf der Jagd nach irgendwas. Sie sind gestreßt, das weiß ich ja noch gut. Kaum irgendwo mal ne Verkäuferin zu finden – nur lauter Kunden, die sich ratlos umsehn, ob nicht eventuell doch irgendwer mal könnte Auskunft geben.

Nur an den Kassen stehn die Kunden in Schlangen endlos wie früher in der DDR. Die Kassen-Glocken klingeln ohne Unterlaß, und durch die Räume dazu passend die Engelein zum Weihnachtsumsatz singen: Süßer die Glocken nie kliiiiingen ...

Ich aber such Sankt Wladimir. Bestimmt hat er – genau wie damals ich – im Kaufhaus einen frohen Menschen doch gesucht. Vielleicht hat man ihn hier gesehn, am besten frag ich in der Geschäftsleitung ganz oben an ...

Doch kaum steh ich am Fuß der Rolltreppe, da steht plötzlich ein Mann vor mir mit großer Tasche. Er scheint ein bißchen aufgeregt zu sein.

Er faßt beim Ärmel mich und sagt: „O, guter Nikolaus, dich habe ich gesucht. Ich hab so Mitleid mit den vielen Waisenkindern auf dieser Welt“ – ganz heimlich tut er und blickt furchtsam hin und her, „ich möchte“, sagt er, „daß du ihnen diese Geschenke überbringst, hier nimm sie alle“, und damit schüttet er mit einem Griff den Inhalt seiner Tasche in meinen Sack.

Ich will mich gleich bedanken. „Guter Mann“, frag ich, „wie heißt du, daß ich Meldung machen kann im Himmel: Es gibt sie noch, die Nächstenliebe zur Weihnachtszeit ...“

Doch der verschwindet schon in dem Gewühl, ruft nur noch zurück: „Frohe Weihnacht, Weihnachtsmann, dein unbekannter Spender.“

Gerührt und froh erregt steh ich nen Augenblick. Ich hatt es ja gewußt: Der Mensch ist besser, als der Oberengel denkt. Ich freu mich schon, daß ich ihm sagen kann: Ein Mensch, der nicht genannt sein will, für Waisenkinder hat er mir gespendet ...

Da fühl ich plötzlich rechts und links zwei starke Arme.

„Mitkommen!" herrschen mich zwei Männer an und schleppen mich in einen kahlen Nebenraum. „Pack deinen Sack aus!"

Ich bin ganz verwirrt. Ich sag: „Ich bin Sankt Nikolaus, der echte – und eben hat ein guter Mensch ..."

„Ja, ja! halts Maul! Wir haben alles über Video gesehn. Wir waren hinter deinem Kumpel her; der ist vor uns geflohn – und dann der alte Trick: Komplize Weihnachtsmann – der hat dir schnell die Beute zugesteckt; und du sollst sie, als Weihnachtsmann getarnt, nach draußen schleppen. Mann, der Trick ist alt. Wir überwachen alles. Die Übergabe werden wir der Polizei auf Video beweisen. Pack den Sack aus."

„Nein, nein", sag ich, „das ist ein Mißverständnis. Ich such Sankt Wladimir, ich komm vom Himmel ..."

Die aber nehmen meinen Sack und schütten alles vor mir auf den Tisch. Da muß ich selber staunen: Goldne Uhren, Halsketten, auch aus Gold, und goldne Ringe und Broschen, Armreife und Ohrringe mit Edelsteinen drin – und zwischendrin ein ganzes Dutzend sogenannter Handys, das sind so Schachteln, die die Menschen neuerdings sich gegen das Ohr halten, und dabei reden sie andauernd vor sich hin – ich hatte sowas früher nie gesehen.

„Oha", sag ich, „das alles wollte mir der gute Mensch für arme Waisenkinder spenden ..."

„Verarschen können wir uns selbst", schimpft mich der größere von den beiden Männern aus. „Gleich kommen die Bullen, Junge, du kannst was erleben, du Weihnachtsmann." Und eh ich noch antworten kann, sind auch zwei Polizisten da und sagen:

„Nimm den Bart ab, Freundchen."

„Ich bin Sankt Nikolaus", sag ich.

Da reißt der Polizist an meinem Bart und ich schrei: „Au! Der echte Nikolaus!"

„Aha", der Polizist darauf, „ein Penner also. Langer Bart, wie heißt du?"

„Sankt Nikolaus", sag ich, „ich sagt es schon. Vom Himmel hoch da komm ich her, ich bring euch ..."

„Ach nee," stöhnt da der Polizist. „Du bist der echte Weihnachtsmann. Das ist ja toll."

„Ja", sage ich, „ ich bin gekommen, Sankt Wladimir zu suchen – der eigentlich der neue Weihnachtsmann, also der zweite als Ersatz für mich für früher, weil sie mich abgesetzt und er, verstehen Sie, für mich geschickt war, doch weil er nicht zurückgekommen ... Sie sind doch bei der Polizei, ja, haben Sie vielleicht eventuell den Weihnachtsmann Sankt Wladimir gesehen, also den neuen, nicht den eigentlichen echten, der bin ja ich ..."

Der Polizist vergißt fast, Luft zu holen: „Du bist der Weihnachtsmann und bist im Himmel – du hast dich also vollgekifft und suchst jetzt noch nen anderen Weihnachtsmann ..."

„Ja, ja", sag ich, „ich war doch abgesetzt, weil ich den frohen Menschen nicht gefunden, da haben sie Sankt Wladimir als neuen Weihnachtsmann ..."

„O Gott", flucht da der Polizist und redet in sein Handy: „Wir haben nen Warenhausdieb gefaßt, nen Penner. Der ist entweder vollständig high oder nicht ganz richtig. Was machen wir mit dem? Nach Ochsenzoll? Klapsmühle? Schickt uns Sanitäter ..."

Sie führn mich auf den Gang. O, Hilfe, murmle ich bei mir, seht ihr das nicht im Himmel, ihr da oben? Jetzt wär es Zeit, daß ihr irgendein Wunder euch einfallen laßt, um mich zu retten, sonst sperren die mich ins Irrenhaus ...

Da geht direkt an uns vorbei – ein andrer Weihnachtsmann, wahrscheinlich einer von denen, die mir draußen schon begegnet sind. Für einen Augenblick verwechselt der Polizist, der mir gerade den Rücken zudreht, den falschen Weihnachtsmann mit mir und ruft: „Halt, hiergeblieben, Freundchen!"

Ich seh die Chance, laß mich auf alle Viere fallen und krabbel, schnell wie ich's mir selbst nicht zugetraut, zum Ausgang, nichts wie raus und lauf und lauf und lauf bis her zur Brücke, wo ich jetzt noch steh. Das wäre noch mal gut gegangen.

Doch – was soll nun werden? Wo soll ich weitersuchen? Wie find ich ihn, den zweiten Weihnachtsmann, diesen verflixten Wladimir, den Weihnachtsmannersatz, den Deserteur, den Lückenbüßer! Erst mir den Job zu stehlen und dann sich abzusetzen, daß ich mich hier für ihn abhetzen darf, den Flüchtling, diesen Pseudo-Nikolaus, den gottverda ... äh ...
Vom Himmel hoch, da komm ich her ...
Halleluja, ich glaub, ich kann nicht mehr!

Sankt Nikolaus auf der Reeperbahn

Drei Stunden später. Sankt. Nikolaus sitzt bei McDonald's und beißt in einen BigMäc.

Halleluja – was war denn das? Was ist mit mir geschehen? Halt, halt! Ganz langsam. Der Reihe nach. Da war erst diese junge Frau, die mir von Liebe sprach – ja, Liebe – aber was war denn los? Was hat die mit mir angestellt ...?? Nein, Augenblickchen. Zuerst war doch Jasmin noch da, das arme kleine Waisenmädchen. Zu Tode hätte die mich fast erschreckt ... Es dreht sich alles mir im Kopf. Zuerst noch immer die Himmlische Behörde mit diesem heiklen, irrsinnigen Auftrag, Sankt Wladimir wiederzufinden, den Weihnachtsmannersatz, Versager und Verräter ... Und dabei dacht ich schon, ich hätte ihn gefunden ... Nein, zuerst die Sache mit der Puppenstube, ja so fing das an vorhin:

Drei Stockwerk hoch in der Agathenstraße 12 schlepp ich das schwere Ding, aus Sperrholz angefertigt, mit Puppenmöbeln und -geschirr und auch mit Mama- und mit Papa-Püppchen, ein Puppenkind sogar dabei und eine kleine Katze. Ja, wirklich: allerliebst von meinen Engelein angefertigt, sie hatten selbst sich köstlich dran gefreut und schon damit gespielt.

Kann ich denn ahnen, wie das heute geht? Und wie brutal die Kinder sind? O Jasmin, Jasmin – was sind das bloß für Zeiten heute. Was ist aus dir geworden!! Puppeneltern morden! Ich hatte doch die Puppenstube deponiert am Hauptbahnhof; die hatte ich der kleinen Jasmin doch versprochen, dem armen Kind aus Hamburg-Eimsbüttel. Drei Jahre ist es her, daß sie mein Herz gerührt. Die beiden Eltern, ach, wie schrecklich, beim Autounfall waren sie umgekommen, und Jasmin, das 6jährige Mädchen, saß damals weinend in der Küche bei der Großmama und bat mich:

„Ich hätt so gerne eine Puppenstube zu Weihnachten gehabt“, sie sah mich an mit ihren klaren Augen, „mit einer kleinen Mama, einem kleinen Papa, und einem Kinderbett im Kinderzimmer; da setz ich dann die Mama an mein Bettchen; sie liest mir ‚Ole in der Suppenschüssel‘ vor, und ich kann träumen: alles ist wie früher.“

Die Großmutter, als arme Rentnerin, konnt eine Puppenstube nicht bezahlen, und ich versprach dem Kind: am nächsten Heiligen Abend bringe ich sie dir. Du kannst dich drauf verlassen.

Nun also endlich stand ich vor der Tür. Ich muß wohl sechsmal klingeln, da kommt schließlich das Mädchen an die Tür, Jasmin, ich kenn sie wieder. Aber die ist ganz schön gewachsen.

„Was wollen Sie denn hier?“ fragt sie.

„Ich bin der Weihnachtsmann, kennst du mich denn nicht mehr?“

„Es gibt keinen Weihnachtsmann“, antwortet mir das Mädchen. „Und außerdem: wir kaufen sowieso nichts an der Tür.“

„Ich hab die Puppenstube mitgebracht“, sag ich.

„Was für ne Puppenstube?“ fragt sie.

„Die du so sehr dir doch gewünscht mit kleinen Puppen-Eltern ...“ Da fängt das kleine Mädchen an zu lachen.

„Psst“, sagt sie, „nicht so laut. Meine Erziehungsberechtigte schläft. Ich spiel an dem Computer von unserm Untermieter, der ist Student. Und wenn er weg ist, setz ich mich vor n Bildschirm, den Code hab ich geknackt – und leg die CD-ROM mir ein: SIMS, das wahre Leben. Komm mit, ich zeig es dir.“

Sie zieht mich in ein kleines Zimmer, und ich bin wirklich sprachlos: Das Puppenhaus ist auf dem Bildschirm, und zwar so naturgetreu – ein ganzes Einfamilienhaus von innen – und dann davor ein Garten, ein Swimmingpool, ein Gartengrill. Im Haus sind Mann und Frau, dazu zwei Kinder, gut gekleidet.

„Das ist mein Vater“, zeigt mir die kleine Jasmin mit einem Pfeil auf ihrem Bildschirm einen blonden Mann. „Und das die Mutter“, eine rothaarige Frau, so Mitte Dreißig. „Ich mag meine Eltern nicht mehr leiden“, sagt Jasmin. „Die müssen weg. Ich hab ihn aufgebaut als Architekten und sie als Journalistin, aber die sind doof. Ich will mir andre Eltern machen. Aber diese werd ich nicht so einfach wieder los. Darum muß ich sie töten. Paß auf, ich schick jetzt beide ins Badezimmer. Siehst du?“

Und ich staune. Die bewegen sich wie echte Menschen durchs ganze Haus. Im Badezimmer drehn sie die Dusche an und duschen sich. Doch während ich noch staune, seh ich: die kleine Jasmin tickt irgendwas auf ihrem Bildschirm an: ein Maurer kommt. Er mauert das Badezimmer zu – die Tür und auch das Fenster.

„Sonst krieg ich sie nicht tot“, sagt Jasmin, „das ist so bei dem Spiel. Wenn ich sie sterben lassen will, muß ich sie irgendwie ermorden. Mit Einmauern geht das ganz gut. Vier Tage laß ich sie da drin, dann sind sie endlich tot. Ich muß dann nur noch dafür sorgen, daß sie beerdigt werden – auf dem Friedhof hier gleich neben diesem Haus. Denn wenn ich das nicht tu, kommen diese blöden Eltern ewig nachts als Geister wieder und mischen sich ins Spiel ein."

Ich sag: „Was machst du? Du bringst die Eltern um?"

„Ja, das macht Spaß," sagt sie. „Gleichzeitig mach ich mir dann neue. Und die Geschwister hier, die gehen mir auch schon auf die Nerven. Paß auf: die laß ich jetzt die Stromleitung anfassen, die ist nicht isoliert, das hab ich extra so gemacht. Dann kriegen sie nen Schlag und werden ohnmächtig. Und wenn sie wieder aufstehn, müssen sie gleich noch mal in die Leitung fassen. Guck mal, so. Siehst du, wie es blitzt und funkt? Das ist der Strom. 230 Volt! Beim dritten Mal sind sie dann endlich tot. Die muß ich auch beerdigen, das ist ein bißchen mühsam – aber sonst, du weißt ja schon, sonst stehn sie wieder auf und geistern rum und stören immer nur."

Mir tritt der Angstschweiß auf die Stirn. „Mein liebes Mädchen", sage ich. „Du wolltest doch die Puppenstube ..."

„Jetzt guck mal hier", sagt meine kleine Jasmin – und wandert mit dem Pfeil in ihren Garten. Da schwimmen vier Erwachsene im Swimmingpool. „Das sind Tante Bertha und Onkel Alfred und meine Cousine Ingrid und ihr Mann Onkel Kalli. Die heißen so wie meine richtigen Verwandten. Seit ich bei Oma lebe, haben sie mich nie besucht, die richtigen. Und die hier – müssen jetzt ertrinken." Sie lacht und zieht mit ihrem Bildschirmpfeil ne Leiter aus dem

Schwimmbassin, die an der einen Seite im Wasser steht. Und dazu jauchzt meine kleine Jasmin sehr vergnügt: „Die können jetzt nie mehr raus. Vier Tage schwimmen sie im Kreis umher; bevor sie immer schlapper werden; und treiben dann als Leichen an der Oberfläche. Nur daß ich dann auch die beerdigen muß, das find ich blöde, aber anders geht das nicht bei diesem Spiel."

Ich weiß nicht, was ich sagen soll dazu. Ich sag: „Du warst doch meine kleine Jasmin und warst so lieb und hilflos ..."

„Wenn Mann und Frau sich dreimal küssen", sagt Jasmin, „kriegen sie ein Kind. Dann muß ich aber ewig dafür sorgen, daß sie das Kind erziehen und behüten. Und dadurch kommen die Eltern nicht so gut voran, können nicht viel Geld verdienen oder Bundeskanzler werden. Deshalb muß ich sehn, daß ich die Kinder wieder loswerd. Entweder laß ich sie verhungern – sie kriegen nichts zu essen und zu trinken von den Eltern – oder sie gehen nicht zur Schule – dann kommt eines Tages die Polizei, sie werden abgeholt und kommen zum Militär und sind für immer weg und kommen nicht wieder. Das macht Spaß, da muß man kombinieren können, sag ich dir, und sich was einfallen lassen."

Was sollt ich da noch sagen? „Dann willst du diese Puppenstube wohl nicht mehr haben?" sag ich traurig.

„Nimm's mir nicht übel", sagt die kleine Jasmin, „aber das ist doch Schnee von gestern. So n Märchenkram für kleine Babys. Ich spiel mit SIMS – so ist das Leben wirklich, echt geil, da sitz ich stundenlang dabei ..."

„Und bringe meine Eltern um“, sag ich, „mein Kind, du tust mir leid!“

„Ach, Unsinn“, sagt Jasmin, „du alter Weihnachtsmann, du bist nur leider hinterm Mond zurück. Jetzt mach die Fliege. Ich will weiterspielen.“

Ich also ganz benommen, ganz verstört. Was ist das jetzt bloß mit den Menschen auf der Erde? Statt Puppenhäusern haben sie CD-ROMS, statt kleinen Puppen-Eltern haben sie Mann und Frau, die miteinander Kinder machen auf dem Bildschirm. Nur wir im Himmel arbeiten immer noch im Hollerith-Verfahren, Lochkarten mit so Löchern drin, die werden von den Engeln einzeln abgetastet – das ist die himmlische EDV-Kartei. Ach Gott!

So steh ich also da – und bin ganz durcheinander. Da fällt mir ein: Der Wladimir! Ich soll den Wladimir doch wiederfinden. Wo bin ich überhaupt? Wohin hab ich mich denn verirrt? Ein großes U steht da vor einer Treppe, und viele Menschen steigen dort hinab. Ich denk: da unten muß was sein, da seh ich nach. Ich steig die Treppe runter, da kommt ein Zug gefahren, und alle steigen ein. Drum tu ich es auch. Der Zug fährt ab. Ich sag ganz laut zu allen Menschen um mich herum:

„Ich bin Sankt Nikolaus, ich such den Weihnachtsmann, also den andern Weihnachtsmann, der heißt Sankt Wladimir.“

„Fahrkarten bitte“, spricht mich einer an und hält die Hand auf.

Ich sag: „Ich weiß nicht, was du meinst. Ich bin Sankt Nikolaus. Vom Himmel hoch, da komm ich her, ich such den Weihnachtsmann!"

Der faßt mich unterm Arm – der Zug hat angehalten – und stößt mich aus der Tür. „Die Masche zieht nicht", sagt er. „40 Euro!"

Ich sag: „Ich weiß nicht, was du meinst!" Er stößt mich grob, und ich fall hin und tret beim Aufstehn mir auf meinen Bart und rufe „Au! Au! Au!"

Da steht ein kleines Mädchen neben mir und weint: „Mama! Sie verhauen den Weihnachtsmann, den armen Weihnachtsmann!"

Die Mutter kommt: „Was fällt denn Ihnen ein! Was soll mein Kind denn davon denken!" ruft sie zu dem, der mich geschubst; und der begibt sich plötzlich auf den Rückzug.

„Ach laßt mich doch zufrieden", schimpft er und verschwindet wieder im Zug, aus dem er mich geworfen. Das kleine Mädchen sieht mich freundlich an. Ich sage zu der Mutter: „Wo bin ich hier?" „St. Pauli", sagt sie. „Da steht's, da können Sie's lesen. Da oben ist die Reeperbahn, wo all die Mädchen stehen."

„Oha", sag ich. „Die Mädchen? Warum stehen die denn da?"

Da lacht die Frau so n bißchen schelmisch. „Für die Liebe", sagt sie, „Weihnachtsmann, „stell dich man nur nicht dümmer als du bist!"

O, denk ich: für die Liebe. Das ist gut. Und dank der Frau und mach mich auf den Weg. Nein, von der Reeperbahn hab ich im Himmel nie gehört. Aber St. Pauli, das klingt schon mal erbaulich und vertraut: Wo's Liebe gibt, das ist ein Ort für Heilige, denk ich, jetzt hab ich eine heiße Spur: Sankt Wladimir hat sich vielleicht die Reeperbahn, den Ort der Liebe, ausgesucht, um dort zu bleiben. Und seht, da stehen sie auch schon: die lieben Engelein in kurzen Hemdchen, wie es der Englein Mode ist – sogar bei solcher Winterskälte. Ach, welch ein schöner Anblick für mein altes Herz. Die lieben Englein, sie stehen an der Wand und sehn mich freundlich an und schwenken kleine Täschchen, und eines kommt gleich zu mir:

„Hallo, Weihnachtsmann", sagt sie, „komm, zeig mir deine Rute! Ich werde dich verwöhnen, guter Freund, daß du tatsächlich denken wirst, du bist im Himmel."

Und ich tret nahe an sie ran, sie duftet auch so himmlisch und sieht mich so richtig unschuldig und neckisch an. „Ich such Sankt Wladimir", sag ich. „Könnt es wohl sein, daß er bei euch sich aufhält. Wir machen große Sorgen uns im Himmel ..."

„Ja, sicher, Süßer!" sagt das Engelein. „Du meinst doch Wladimir, den Russen? Den will ich dir gern holen. Komm mit, wir gehen zusammen auf mein Zimmer!"

Da wollt ich schon frohlocken. Glaubt ich doch, ich sei am Ziel. Dann traten wir ins Zimmer: alles war so schön in rotem Samt gestaltet, ein Himmelbett mit lauter Wolkenkissen und abendrotes Licht im ganzen Raum und schöne Bilder von ganz großen Engel-Nackedeis und eine große weiße Badewanne mit Spiegeln oben, unten und dahinter, so daß ich selbst mich gleich vervielfacht drin erblickte.

Das Engelein zog sich das Hemdchen aus und stand nun vor mir ganz unschuldig nackt, wie wir's im Himmel auch gewohnt sind, dann schmiegte sie sich an mich und sprach:

„Mach deinen Mantel auf, du alter Lüstling, ich will die himmlische Trompete blasen!" Schon löst ich meinen Gürtel, als sie sagte: „Fünfhundert Piepen mit Baden und Getränk, komm, leg die Mäuse auf das Tischchen da."

Ich steh verdattert und sag: „Engelein, ich habe keine Mäuse. Und Piepen, sag mir bitte, was das ist."

Und da ... wie schrecklich – da wandelt sich das Englein plötzlich in eine böse Fee und schreit mich an: „Du willst nicht zahlen, du geiler Bock!? Ich zieh mich vor dir aus, du Sau von Weihnachtsmann! Und du willst nicht bezahlen!? Das wird dir leid tun! Wladimir!!" Tatsächlich, sie ruft Wladimir. Und ich – obwohl ich noch erschrocken bin – ich bin ganz froh, denn jetzt kommt Wladimir! Und wirklich: Die Tür springt auf, ein Riese kommt herein! „Was los hier? Du pervers? Du Scheißekerl, du schlagen meine Frauen?" – Das ist ein anderer, böser Wladimir. „Ich hab nen Strip gemacht vor ihm", schimpft laut mein Engel. „Er will nicht bezahlen!"

Von da an weiß ich nicht mehr viel. Es machte Bumm und Bumm, ich sah nur Sterne und als ich wieder zu mir kam, lag ich schon auf der Straße, den Mantel über mir, der Sack war leer, ich konnt kaum aufstehen, lauter Blitze vor den Augen, und die Englein konnt ich singen hörn. Halleluja!

Ja, ja, so war das alles, jetzt hab ich's wieder auf die Reihe ... und alles hat Sankt Wladimir mir eingebrockt, der gottsverda ... Ich wollte sagen: der ungetreue Knecht. Und Kruzifix noch mal und Halleluja!!

Das Fest der Liebe

Spät am Heiligen Abend. Nikolaus auf dem Wege zurück zu seinem Schlitten. Er stapft durch den Schnee.

O ja! Ich habe ich ihn gefunden, gefunden hab ich ihn, hochverehrter Herr Oberengel, den Wladimir, Sankt Wladimir!

Ja, allerdings und immerhin – mit meinem Scharfsinn, meinem Mut hab ich ihn für euch aufgespürt. Ihr könnt mir dankbar sein. Mitbringen zwar kann ich ihn heute nicht – das ist nicht meine Schuld. Hört mich nur an.

O, Halleluja, die werden aber Gesichter machen. Das war ein Drama, sag ich euch. Jetzt brauche ich erst mal ein ganzes Jahr, bis nächstes Weihnachten, um mich zu erholen.

Familie Bergmann war mir plötzlich eingefallen. Ich hatte Wladimir doch die Adresse genannt. Geh hin, hatte ich gesagt, die sind ganz in Ordnung. Nur ein bißchen gestreßt. Vielleicht gelingt es dir, sie fröhlich anzutreffen. Denn dann hast du gewonnen.

Ich also los, dort weitersuchen. Die Beule noch am Kopf von meiner Liebeserfahrung auf der Reeperbahn. So steh ich vor der Tür. Eberhard Bergmann. Ich läute. Und alles ist von Anfang an ganz anders. Nicht Frau Bergmann in Lockenwicklern und gehetzt macht mir die Tür auf, sondern *er*. Und er, er sieht recht freundlich aus diesmal und ruft fast fröhlich:

„Nein, bitte nicht! Wir haben diesmal keinen Weihnachtsmann bestellt!“

„Entschuldigung“, sag ich, „ich bin’s – der echte Weihnachtsmann. Ich war schon mal bei Ihnen, wissen Sie ... Vom Himmel hoch, da kam ich her.“

„Natürlich weiß ich das!“ Herr Bergmann strahlt geradezu vor Freundlichkeit. „Ich hab Sie doch voriges Weihnachten achtkantig rausgeschmissen. Als meine Frau Ihretwegen in die Nervenheilanstalt eingeliefert wurde ...“

„Nein, nein“, sag ich. „Das kann nicht sein. Vor einem Jahr war ich nicht hier.“ Doch da geht mir ein Licht auf. Ich sage ziemlich aufgeregt: „Das muß Sankt Wladimir gewesen sein, den die Himmlische Behörde an meiner Stelle im vorigen Jahr herabgeschickt. Jetzt bin ich nur gekommen, weil ich hoffte, daß er Sie auch diesmal am Heiligen Abend besucht. Denn er ist nicht zurückgekommen, Sankt Wladimir, der Weihnachtsmannersatz, verstehen Sie mich. Ich hab den Auftrag, ihn zurückzubringen.“

Herr Bergmann sieht mich an und fängt laut an zu lachen. „Ach, kommen Sie mal rein, Sie armes Schwein. So eine blöde Ausrede hab ich ja noch nie gehört. Hier, trinken Sie einen Schnaps. Aber dann müssen Sie auch wieder gehen: Wir machen nämlich diesmal Heiligabend sozusagen gar nicht mit, wir gehen nicht hin, wie’s so schön heißt. Meine Frau und ich, wir bleiben diesmal ganz allein und – wie Sie sehen – wir essen Knackwurst mit Kartoffelsalat, dazu trink ich ein Bier und einen Korn und meine Frau trinkt einen Rotwein. Wir haben nicht mal einen Tannenbaum. Die beiden Kinder sitzen nebenan im Gästezimmer und sehen sich Videos an. Wir holen sie nachher noch rüber, dann gibt's für sie ein kleines Geschenk. Und damit fertig. Das Chaos und der Streß in all den Jahren vorher, das reicht uns jetzt. Wir machen uns doch wegen Heiligabend nicht verrückt."

Er schenkt mir noch nen Korn ein und ist so richtig rundum zufrieden. Ein froher Mensch, denk ich, und das zur Weihnachtszeit. Grad will ich wieder fragen nach Sankt Wladimir, da kommt Frau Bergmann ins Zimmer. Auch sie kenn ich ja noch vom letzten Mal. Auch sie ist diesmal noch ganz ruhig. „Sieh an, der Weihnachtsmann", sagt sie.

„Sie kommen wie gerufen. Wir brauchen Sie noch für die Kinder!"

„Wieso denn das?" fragt Herr Bergmann überrascht, „wir wollten doch auf das ganze Weihnachtstheater diesmal verzichten."

„Ja, ja, so hatten wir's geplant", sagt Frau Bergmann, „es ist jetzt nur so ..." Sie stockt und wird nun doch ein bißchen aufgeregt ... „Wie soll ich sagen", sagt sie, „Eberhard. Ich habe grad eben mit Mutter telefoniert und ..."

Herr Bergmann wird puterrot, er springt vom Tisch auf. „Sag nicht, du hast sie doch noch eingeladen!"

„Ja, Eberhard, was sollte ich denn machen? Sie ist doch dies Jahr zum ersten Mal allein Heiligabend, seit Opa tot ist. Sie hat mir einfach leid getan. Sie hat sogar geweint. Das mußt du doch verstehen, Eberhard. Weihnachten ist doch das Fest der Liebe!"

Ich dachte schon: jetzt explodiert Herr Bergmann. Aber es war schlimmer. Nur ein wütender Faustschlag auf den Tisch, raus aus dem Zimmer, und hinter ihm krachte die Tür zu.

Frau Bergmann war's wohl peinlich mir gegenüber. „Entschuldigen Sie nur, Herr Weihnachtsmann, mein Mann hatte sich sehr gefreut diesmal auf einen ganz ruhigen und einfachen Heiligen Abend. Nun ist er natürlich böse. Er und meine Mutter verstehen sich nämlich nicht so gut. Könnten Sie vielleicht versuchen, ihn zu beruhigen? Er müßte doch schnell auch noch einen Weihnachtsbaum besorgen, meine Mutter legt viel Wert auf echte Weihnachtsstimmung, sie wäre sonst enttäuscht."

Ich aber versuche die gute Frau aufzuklären, daß ich ja eigentlich nur gekommen war, um Sankt Wladimir zu suchen. Da sagt sie doch – und ich konnt's gar nicht fassen:

„Ja, Wladimir, der kommt am Abend etwas später auch noch. Rüdiger, mein großer Sohn, hat angerufen, daß er mit einem Freund vorbeikommt, und das ist Wladimir. Sie haben irgendeine Überraschung vor, hat er angedeutet."

„Der Weihnachtsmann?" frag ich und bin ganz aufgeregt.

„Ja, der vom letzten Jahr", sagt sie. „Mein Mann hat ihn doch damals rausgeschmissen, weil ihm wieder alles zuviel wurde. Wenn Sie bei uns bleiben nach der Bescherung, müßten Sie ihn noch zu sehen kriegen. Aber sagen Sie meinem Mann nichts davon. Er ist ja schon böse genug. Und bitte, bitte, gehen Sie zu meinem Mann und beruhigen Sie ihn."

Da hüpft mir vor Freude das Herz im Leib. Hab ich es also doch geschafft! Ich bringe den verlorenen Heiligen zurück in den Himmel – und erhalte als Belohnung meinen Außendienstposten zurück. „Hosianna", rufe ich, und gebe Frau Bergmann einen Kuß.

Da läutet es wieder. Ich geh hinaus auf den Flur. Erst mal sitzt da Herr Bergmann auf einem Hocker – mit einer Flasche in der Hand.

„Wir sollen einen Weihnachtsbaum besorgen", sage ich. Es läutet wieder. Herr Bergmann rührt sich nicht. Frau Bergmann kommt und macht die Tür auf.

„Mutter, da bist du ja schon." – Eine ziemlich umfangreiche alte Dame tritt in den Flur, mit Paketen bepackt, einen großen braunen Hut auf dem Kopf.

„Ach Gott", sagt sie und schnappt nach Luft. „Warum müßt ihr auch so weit oben wohnen." Die hat ne Baß-Stimme wie ein Mann und mustert alles rundum mit kritischem Blick:

„Wie siehst du denn aus, Eberhard? Willst du in dem Aufzug Weihnachten feiern? Da zieht man sich doch etwas besser an. Und trinkst du jetzt etwa schon? Das will ich nicht gesehen haben. Los, Elsbeth, in die Küche. Die Weihnachtsgans ist aufgetaut. Ich werde mich gleich mal drüber hermachen, bei mir bleibt ja doch immer alles hängen."

Herr Bergmann steht auf – ich befürchte das Schlimmste. Aber er sagt nur mit drohendem Unterton:

„Fröhliche Weihnachten, Mutter. Ich muß nur ganz schnell noch was besorgen, damit es eine echte Weihnachtsfeier wird. Das Fest der Liebe." Und ist schon im Treppenhaus und unten aus der Haustür raus.

So schnell kann ich nicht folgen. Ich seh ihn noch, wie er in Richtung Bahnhof läuft und eile hinterher. Er wird ja wohl den Weihnachtsbaum besorgen. Doch keine fünf Minuten – da kommt mir Herr Bergmann schon wieder auf der Straße entgegen – in einem Arm tatsächlich ein Gestrüpp, ein Tannenbaum muß das sein, doch an dem andern Arm – wer ist denn das? Am andern Arm hält er ne abgerissene Gestalt – nen Mann mit zugewachsenem Gesicht, ne Trainingsjacke überm zerlöcherten Pullover, Turnschuhe, völlig durchgelatschte und auf dem Kopf ne blaue Strickwollmütze – und von oben bis unten alles schmutzig und fettig: ein Penner, ein Monarch!

Der schleppt zwei Plastiktüten mit sich und außerdem: an einer Kordel – ein Hundetier, ein jämmerlicher Bastard.

„Herr Bergmann“, sag ich, „was ist das denn jetzt?“

„Weihnachten“, sagt Herr Bergmann, „Weihnachten, das Fest der Liebe! Heut sind doch alle bei uns eingeladen! Wir fragen nicht danach, woher sie kommen, wer sie sind. Ob Schwiegermutter oder Obdachlose: bei Bergmanns sind sie alle hoch willkommen! Das hier ist Robert, kenn ich lange schon. Sitzt jeden Tag beim Blumenstand am Bahnhof. Der hat ein schönes Weihnachten verdient.“

Ich merk zwar, daß Herr Bergmann irgendwie in einer wütenden Stimmung ist, aber den Obdachlosen scheint das nicht zu stören.

„Noch einen Schluck aus der Buddel, gib her", sagt er. „Ich glaub, ich seh den Weihnachtsmann. Sie haben mich aus dem Bahnhof rausgeschmissen. Ich stör die schöne Weihnachtsstimmung, haben sie gesagt. Zwei Jahre hab ich Heiligabend in der Bahnhofshalle verbracht. Das kann ich jetzt vergessen, sagen sie. Hau ab, sonst werfen wir dich in die Elbe! Da kam Gott sei Dank der Chef hier, mein Hast-du-mal-nen-Euro-Spender, und hat mich eingeladen!"

Herr Bergmann reicht ihm seine Flasche Wodka: „Hier, Robert, trink!" Der sieht ihn an, als wäre ihm das Christuskind erschienen. Ich sag: „Herr Bergmann, Sie wollen diesen Mann doch nicht etwa mit nach Hause ..."

„Du bist mir ja ein schöner Weihnachtsmann", lacht er – ich möchte sagen: sehr gehässig. Dann stehen wir noch vor dem Gemüseladen: Muhrad Yazmir – ein Türke also. Die Schaufensterscheibe ist an der Seite eingeschlagen. Muhrad, der dicke Gemüsetürke, versucht, sie von innen mit Pappe und mit rotem Tesaband zu flicken. Herr Bergmann ruft von draußen:

„Muhrad, komm mit! Bist eingeladen! Heiligabend feiern! Kein Schweinefleisch, nur alles von der Gans! Komm, Junge, mach den Laden dicht."

Das läßt der Dicke sich nicht zweimal sagen. „Du gutes Deutscher. Muhrad großes Hunger. Frauen zuhause nix gemütlich. Ich kommen mit. Allah ist mächtig!"

Herr Bergmann faßt ihn unter: „Weißt noch damals, Muhrad, als deine Suleika und meine Frau Elsbeth zusammen den Skinhead mit ihren Handtaschen verprügelt haben?"

Am liebsten wär ich hier schon ausgerissen. Mein Gott, das kann nicht gut gehen, denke ich. Das bringt Frau Bergmann wieder in die Nervenheilanstalt. Doch schon sind wir mit Penner, Hund und Türken im Treppenhaus. Herr Bergmann singt: „Ihr Kinderlein kommet ...“, und alle poltern wir die Treppe hoch. Im ersten Stock klopft er an die Wohnungstür „Giese“, und eine Frau macht auf und schimpft gleich los:

„Bestellen Sie Ihrer Frau, Sie soll sich schämen! Nicht mal zu Weihnachten kann sie die Treppe gründlich putzen!“

„Fröhliche Weihnachten“, ruft Herr Bergmann, „dies ist ein friedensstiftender Überfall! Sie sind allein, Frau Giese –, und meine Frau möchte gern mit Ihnen Heiligabend feiern!“ Er nimmt sie in den Arm – und sie ist so perplex, daß sie in Tränen ausbricht.

„Ach Gott, ich bin ja so allein. Mein Mann hat mich verlassen, ich weiß nicht, was ich machen soll ...“

Und das ging alles schneller, als ich dachte. Schon saß die ganze seltsame Gesellschaft in Bergmanns Wohnzimmer mit Gläsern in der Hand und Wein – auch Muhrad hebt das Glas, als wär das nichts Besonderes. „Christ ist erschienen, und Allah ist mächtig!“ ruft Herr Bergmann, „was machen wir jetzt? Komm, Muhrad, jetzt schmücken wir den Tannenbaum.“

Der Türke hat sein rotes Tesaband noch in der Tasche – und hängt die schönsten roten Schlangen in die Tanne.

Robert, der Penner, kramt aus seiner Tasche drei leere goldbedruckte Bierdosen und hängt sie wie Kugeln in den Baum.

Da steht Frau Giese auf und löst sich die blitzende Kette aus Plastikperlen vom Hals, hängt sie in den Tannenbaum und schluchzt: „Die schenk ich Ihrer Frau, ich brauche sie nicht mehr!“

Herr Bergmann sagt: „Jetzt singen wir aber mal zusammen!“ und stimmt das Lied an: „O du fröhliche“ – ich muß schon sagen, ein herrlicher Choral: Robert mit dem Reibeisen-Baß, Frau Giese mit der hohen Stimme der Verzweiflung und Muhrad irgendwie mit anderem Text. Ich aber denk die ganze Zeit: das wird bald böse enden! Da droht gleich eine große Katastrophe!

Herr Bergmann schenkt die Gläser wieder voll. Da hört man aus der Küche laut die Stimme seiner Schwiegermutter und versteht genau:

„Hast du denn nicht mal Majoran im Haus. Und wie sehen deine Schränke wieder aus, wie lange hast du die nicht ausgewischt! Kind! Kind! Kind! Und den Kühlschrank hast du auch nicht abgetaut. Mein Gott, und willst du dich nicht endlich umziehn!?“

Frau Bergmann stürzt herein, hält sich die Hände vors Gesicht: „O Gott, Mutter jetzt wieder. Ich halte das nicht aus. Sie macht mich wahnsinnig!“

Herr Bergmann aber sitzt nur da und wartet ab und stimmt scheinheilig das nächste Weihnachtslied an: „O Tannenbaum, o Tannenbaum ...“

Da entdeckt Frau Bergmann erst, wer alles in ihrem Wohnzimmer sitzt. Sie reißt die Augen auf und ringt nach Luft, sie bringt kein Wort heraus

„Du wolltest doch ein richtiges Weihnachtsfest“, sagt Herr Bergmann. „Ich hab gedacht, du freust dich sicher, Elsbeth, über all die lieben Menschen. Die waren alle so allein wie deine Mutter. Und Weihnachten ist doch das Fest der Liebe!“

Frau Bergmann kriegt vor Schreck kaum Luft. Sie dreht sich um und läuft zurück zur Küche. Kein Wort hat sie gesagt.

Aber Herr Bergmann ist jetzt sehr vergnügt: „Nun sollt ihr aber mal sehn“, sagt er, „jetzt holt sie bestimmt den Weihnachtsbraten. Sie kennt ja nichts Schöneres als Gäste im Haus. Kommt, laßt uns noch mal anstoßen und noch ein Weihnachtslied singen, meine lieben, lieben Gäste!“

Im selben Augenblick steht schon die Mutter in der Tür. Im Kittel und mit Gummihandschuhn. Sie blickt sich drohend um – und alle sind ganz still.

O weh, denk ich, könnt ich doch nur verschwinden. Wenn ich nicht warten müßte auf Sankt Wladimir: dies Donnerwetter möchte ich nicht miterleben. Gleich wird die Schwiegermutter sie alle beim Kragen packen und die Treppe runterwerfen ...

Doch was macht die? Nach einer kleinen Sekunde der Verblüffung sagt sie mit ihrer tiefen Stimme:

„Nein, nein – was meine Tochter da wieder hat. Ihr gehen so leicht die Nerven durch, liebe Gäste. Herzlich willkommen und frohe Weihnachten! Warum hast du mir nichts davon gesagt, Eberhard? Nur *eine* Gans für so viele Gäste.“

Dann nimmt sie Robert, den Penner, aufs Korn. „Marsch, erst mal unter die Dusche. So kommen Sie mir nicht an den Tisch! Nimm ihm die Flasche weg, Eberhard, und bring ihn ins Badezimmer!“

Danach ist gleich der Türke dran: „Was seh ich da? Sie trinken Wein – als Moslem? Das ist doch verboten. Mein Schwiegersohn holt Ihnen gleich ne Flasche Bier. Das sieht Ihr Allah ja nicht so verbissen."

Und dann zu Frau Giese. „Ich hab von Ihnen schon gehört, Frau Giese. Sie haben sich beschwert, daß meine Tochter das Treppenhaus nicht richtig putzt! Da haben Sie völlig recht! Sie lernt es nie. Nur immer an der Oberfläche. Ach, kommen Sie doch, ich brauch noch Hilfe in der Küche. Und Sie, Herr Weihnachtsmann, Sie sitzen hier nicht rum, Sie bringen dem Hund da eine Schale Wasser, dann packen Sie die Geschenke für die Kinder in Ihren Sack, damit wir Bescherung machen können."

Oha, wer hätte das gedacht. Ich stottere nur immer vor mich hin: das kann ja wohl nicht wahr sein! Ein Heiligabend, wie ich ihn noch nie erlebt habe.

Frau Bergmann irrt zuerst noch fassungslos herum. Aber wie Herr Bergmann sich das gedacht hatte – sich an seiner Frau zu rächen, weil er nun doch Weihnachten feiern mußte, statt einfach „Urlaub von Weihnachten" bei Kartoffelsalat und ohne jeden Weihnachtstrubel – ja, mit *der* Rache war's nun nichts!

Die Kinder wurden geholt – und waren begeistert:

„Voll geil, Papa, prima Gäste, endlich mal was los hier!"

Dann kam die Bescherung. Die Kinder bekamen ihre Gameboy-Kassetten und CDs. Und was war plötzlich mit Frau Bergmann los? Die war wie ausgewechselt. Auf einmal hatte sie Freudentränen in den Augen – und flüsterte ihrem Mann zu:

„Komm, laß uns eine kleine Bescherung improvisieren für unsere Gäste."

Mit einem Mal hatte sie für jeden ein kleines Geschenk herbeigezaubert. Das mußte ich, der Weihnachtsmann, natürlich überreichen – und aus dem Stegreif dazu für jeden ein Gedicht aufsagen:

Herr Stadtstreicher Robert, wir schenken dir
diese Flasche mit teurem Rasierwasser hier.
Zwar rasierst du dich ja, wie wir sehen, nicht mehr.
Na schön, dann trinkst die Flasche eben leer.

Herr Muhrad, zur fröhlichen Weihnachtszeit
hier dieses Kopftuch deine Frau sicher freut.
Elsbeths Mutter hat es selbst einst getragen –
als Trümmerfrau in vergangenen Tagen.

Für Sie, Frau Giese, der Eierlikör.
Nach dem ersten Glas brauchen Sie noch drei Gläser mehr.
Dann ist das Leben nur noch halb so schwer.
Und die Treppe stört Sie dann auch nicht mehr.

Ach, das war richtig schön. Man kann sich das gar nicht vorstellen.

Die Kinder saßen bei Muhrad auf dem Schoß. Penner Robert spielte auf der Mundharmonika. Immer wieder mußte er Schwiegermutters Lieblingslied spielen: „Herzilein, du darfst nicht traurig sein ..."

Frau Bergmann weinte fast die ganze Zeit vor Freude.

„Ach, ist Weihnachten diesmal schön. Ach, danke, Eberhard, das war ein großartiger Einfall von dir."

„Ja, ja“, sagte Herr Bergmann grimmig, „man ahnt ja nicht, wie sich alles immer noch zum Guten wenden kann. Kartoffelsalat und Würstchen!“

„Ach“, seufzte Frau Bergmann aus tiefster Seele, „ich bin richtig froh.“

Da mußte ich nun wirklich lachen. Frau Bergmann sagt, ich bin wirklich froh. Und diesmal hätte mir ihr Ausspruch sogar genützt da oben bei der Himmlischen Behörde. Weil sie diesmal auch wirklich meinte, was sie sagte. Aber nun hatte ich ja einen anderen Auftrag – den Wladimir zurückzubringen ... den Wladimir ...

Da saßen wir nun alle und feierten Weihnachten. Dann läutet es. „Das werden sie sein“, sagt Frau Bergmann. „Rüdiger und sein Freund.“

Und richtig: Ich habe ihn sofort erkannt: Sankt Wladimir! Mein himmlischer Kollege!

„Hei, holla“, ruft er, „Nikolaus. Ich habe ja gehofft, daß du hierher kommst. Laß dich umarmen, guter Freund! Und bring den Herren da oben von der Himmlischen Behörde recht schöne Grüße von mir. Aber: noch kann ich nicht kommen.“ Und sagt noch einmal sehr bestimmt: „Noch kann ich nicht kommen!“

Ich begreif noch immer nichts. Da tritt Sohn Rüdiger unter den Tannenbaum – ein gutaussehender junger Mann mit blondem Haar und sehr gut angezogen – schlägt an sein Glas und sagt mit seltsam weicher, angenehmer Stimme:

„Ihr lieben Eltern, heut am Heiligen Abend, sollt ihr als erste es erfahren: Wir haben uns verlobt und werden heiraten!“

Da mischt sich gleich wieder die Schwiegermutter ein: „Wer?“ fragt sie. „Wer mit wem? Wo ist das Mädchen?“

„Kein Mädchen“, sagt Rüdiger, „mein lieber, mein geliebter Wladimir und ich – wir haben uns gefunden und wollen in den heilgen Stand der Ehe treten.“

Und ehe ich nur einmal husten kann, tritt Wladimir neben ihn und spricht zu mir:

„Ja, Nikolaus, das ist der Grund, weshalb ich nicht zurückgekehrt: Ich, Wladimir, bin schwul. Und das ist gut so. Fünfhundert Jahre hab ich das Geheimnis mit mir herumgetragen. Als ich das erste Mal auf Erden war, auf den Scheiterhaufen hätten sie mich da geworfen, wenn ich es öffentlich bekannt hätte. Darum bin ich damals ins Kloster gegangen. Das war zwar dann gewissermaßen eine Erleichterung mit manchem meiner Brüder – doch immer mußte ich mit dem bedrückenden Geheimnis leben. Und als ich nun als Weihnachtsmann-Ersatz zum zweiten Mal zur Erde kam – und hier den Rüdiger kennenlernte im vorigen Jahr –, stand für mich fest: jetzt hol ich erst mal alles nach, was mir die frommen Herren versagt! Die haben selber schuld. Ich will noch mal *mein* Leben leben!“

Herr Bergmann, sonst scheinbar doch so hartgesotten, fiel kurz in Ohnmacht.

Die Schwiegermutter mußte sich wieder einmischen: „Das kommt, weil Eberhard schon immer getrunken hat. Dann kriegt man homosexuelle Kinder!“

Robert aber hörte nicht mehr richtig zu, er legte sich zu seinem Hund auf den Teppich. Frau Giese und Frau Bergmann fielen sich in die Arme:

„Ach, wenn mein Mann doch wenigstens schwul geworden wäre, aber nein: er fällt immer auf die jungen Frauen rein“, weinte die Giese. „Hätte er nicht wenigstens am Heiligen Abend bei mir bleiben können?“

Der Türke sagte gar nichts, sondern aß dreimal soviel Gans wie alle andern, trank sieben Flaschen Bier auf Allahs Wohl und aß den Pudding und den Reis und alles ratzekahl, zum Schluß trank er sogar die Kaffeesahne aus.

Ich aber muß zurück. Zur Himmlischen Behörde. Sankt Wladimir lebt sein Leben und bleibt auf der Erde.

Nichts ist mehr, wie es war. Nur ich, Sankt Nikolaus, darf wieder der Alte sein.

Halleluja!

Frederikes Weihnachtsgedicht (als sie vier Jahre alt war)

Lieber guter Weihnachtsmann,
guck mich nicht so blöde an.
Steck deine Rute ein, du Wicht.
Bangemachen giltet nicht.
Willst es doch nicht etwa wagen,
Alter, hier ein Kind zu schlagen!
Jetzt schütte die Geschenke aus.
Und dann verdufte. Nix wie raus!

Weihnachten, du gutes Fest

Weihnachten, du gutes Fest,
das sich so praktisch verspotten läßt.
Sagen wir zum Beispiel mal,
einer gilt als sentimental:
Weihnachten wird es ihm leicht gelingen,
den Ruf eines eiskalten Hunds zu erringen,
indem er sich äußert, daß Stille-Nacht-Singen
und Christkind ihm auf die Nerven gingen,
nur Ochs und Esel tät er verehren,
sobald sie zu Wurst verarbeitet wären.
Und jeder denkt: ganz schön gefühlskalt der Mann,
wenn er so über Weihnachten spotten kann.

Ein andrer erwirbt sich moralischen Ruhm,
indem er sich äußert: sinnloser Konsum.
Der Sinn der Weihnacht, sagt er beseelt,
wird durch zu teure Geschenke verfehlt,
von Liebe zeugt das Selbstgemachte,
das Ausgedachte, Handgemachte –
pinselt paar preiswerte Spanschachteln an
und gilt als ein Mann, der noch selber was kann.
Und jeder denkt: Alle Achtung, Herr Schmidt,
der macht den Konsumterror einfach nicht mit.

Und wieder ein anderer weist darauf hin,
welche Bosheit und Scheinheiligkeit liegt darin,
zu Weihnachten „Friede auf Erden“ zu sagen
und Krieg zu führen an den übrigen Tagen –
womit er beweist, daß er Kabarettist
oder noch erwählteren Geistes ist.
Und wenn er dann selbst mit ernstem Gesicht
von „Friede auf Erden den Menschen“ spricht,
denkt jeder bedeutend erleichtert und froh:
der sagt das nicht nur, der meint das auch so.

So weiß ja heute auch jedes Kind,
daß Weihnachtsgrußkarten wirklich out sind.
„Frohe Weihnacht“ als silberne E-mail – so Sachen,
die kann, wer Geschmack hat, ja auch nicht mehr machen.
Da muß er sich dann schon mal geistreich austoben,
sich weihnachtlich witzige Grüße down-loaden,
die gibt es ja reichlich in Internet-Kreisen –
so kann sich, wer will, als ein Freigeist erweisen –
denn gar keine Grüße zur Weihnachtszeit,
das ginge natürlich auch zu weit.

Kurz. Weihnachten ist ein sehr praktisches Fest,
das sich von allen gebrauchen läßt.
Zum Nächstenliebe-Gedanken-pflegen,
zum Kritisieren-und-sich-aufzuregen,
zum Kinderstaunen-Fotografieren,
zum Mitleid-mit-hilflosen-Karpfen-Verspüren,
zum Endlich-mal-wieder-zur-Kirche-gehen
(Ich glaub zwar nicht dran, aber ist doch ganz schön.)

Und überhaupt – es wär ja gelacht:
wenn einer sich gar nichts aus Weihnachten macht,
der kommt am Ende am größten heraus:
es weihnachtet sehr – und der macht sich nichts draus.

Und darum: ob fröhlich oder nicht oder wie,
jedenfalls: passende Weihnacht – für *Sie* !

Das macht doch nichts, das merkt doch keiner (zu Weihnachten)

Marzipan und Spekulatius
und die fette Weihnachtsgans,
Dresdner Stollen, so ein Hochgenuß!
Denk heut nicht an deinen Wanst.
Noch n Cognac, nur noch ein ganz kleiner:
Der macht doch nichts, den merkt doch keiner!

Die Frau weiß wieder längst Bescheid,
was sie kriegt zum Weihnachtsfest:
eine Perlenkette zum schwarzen Kleid
(weil er die Quittung liegen läßt).
Kleine Taschen-Inspektion bei ihrem Heiner:
Die macht doch nichts, die merkt doch keiner!

Das Buch von Grass vom letzten Jahr
hat gelesen natürlich kein Schwein.
Drum packen wir es, wunderbar,
als Geschenk gleich wieder ein.
So hält man auch seine Ausgaben kleiner.
Das macht doch nichts, das merkt doch keiner!

Drei Tage der Gesang vorhält,
mit Harfe und Schalmei,
vom Frieden auf der Menschenwelt,
doch ist das Fest vorbei,
interessiert sich dafür kaum noch einer.
Das macht doch nichts, das merkt doch keiner.

Hermann und Hermine: Gute Vorsätze

Hermann: Sag mal, was ist denn mit dir los, Hermine? Wenn ich richtig mitgezählt hab, trinkst du schon den vierten Kirschlikör.

Hermine: Na, das darf ich ja. Ist doch nur zum Abgewöhnen. Ich hab mir fest vorgenommen: im neuen Jahr hör ich damit auf. Dann trink ich keinen einzigen mehr.

Hermann: Höhöhöhö.

Hermine: Was soll das heißen? Warum lachst du so gehässig?

Hermann: Das nimmst du dir doch jedes Jahr vor. Und kaum sind ein paar Tage vergangen im neuen Jahr – schon hast du das wieder vergessen.

Hermine: Voriges Mal vielleicht oder früher. Aber diesmal ist es mir ernst.

Hermann: Das hast du voriges Mal auch gesagt. Das sagst du jedes Mal. Und dann wirst du doch wieder schwach.

Hermine: Ja, und? Ich bin auch nur ein Mensch. Ich nehm mir jedenfalls vor: im nächsten Jahr keinen Tropfen Likör mehr, da muß mal Schluß mit sein.

Hermann: Wenn du sowieso immer wieder rückfällig wirst, brauchst du dir das auch gar nicht erst vorzunehmen. Damit machst du dich bloß lächerlich.

Hermine: Wenn ich einen ernstgemeinten Entschluß fasse, mache ich mich lächerlich?

Hermann: Du meinst es ja nicht ernst. Du fällst sowieso wieder um.

Hermine: Ich fall wieder um? Woher willst du denn das wissen?

Hermann: Woher? Weil du bisher jedes Mal wieder umgefallen bist. Du hast doch gar nicht die Charakterstärke, um das durchzuhalten.

Hermine: Und das wirfst du mir vor? Du wirfst einem Menschen, der einen heldenhaften Kampf gegen sich selbst gekämpft hat, dem wirfst du vor, daß er diesen Kampf in der harten Wirklichkeit verloren hat?

Hermann: Jawohl. Du mußt endlich mal begreifen: ob du nun einen guten Vorsatz faßt oder nicht, das ist vollkommen egal. Du schaffst es ja doch nicht.

Hermine: Das ist gemein von dir, Hermann. Ich bin so stolz, daß ich mich entschlossen habe, im nächsten Jahr Schluß zu machen mit dem Likör. Glaubst du etwa, es tut mir nicht weh, wenn ich jetzt ganz genau weiß: dies hier ist eines der letzten Gläser Likör, die ich trinke. Im nächsten Jahr trinke ich nie mehr einen – und vielleicht in meinem ganzen Leben nicht mehr.

Hermann: Hör auf, ich fang gleich an zu weinen. Du solltest dich lieber schämen für deine Inkonsequenz. Du hast gar nicht mehr das Recht, einen guten Vorsatz zu fassen.

Hermine: So, hab ich nicht? Ich will dir mal was sagen: es ist viel wichtiger, sich was Gutes vorzunehmen – als daß man es dann auch wirklich schafft. So ist das mit der ganzen Menschheit. Man muß es doch wenigstens versuchen. Nicht das Ergebnis zählt, sondern der gute Wille.

Hermann: Alles Ausreden von den Versagern. Dann hör doch jetzt sofort auf mit dem Likör. Jetzt gleich ist Schluß damit.

Hermine: Ach du – du Moral-Apostel, du. Und dabei rauchst du deine Pfeife seelenruhig weiter.

Hermann: Jawohl, so ist es. Ich nehm mir doch nichts vor, was ich in Wirklichkeit gar nicht will.

Hermine: (nun schon ziemlich angesäuselt) Her mit dem Likör: Das ist eben der Unterschied zwischen uns: Du bist ein Mensch ohne höhere Ziele. Aber ich, mein Lieber, ich hab wenigstens noch Illusionen für die Zukunft. Im neuen Jahr werde ich auf jeden Fall stark sein. Und wenn ich doch wieder schwach werde, werde ich der Wahrheit tapfer ins Gesicht sehn. Prost!